O Oráculo da Lua

Caroline Smith
John Astrop

O Oráculo da Lua

Deixe que as Fases da Lua Guiem a sua Vida

Tradução
LEONOR KLEIN

EDITORA PENSAMENTO
São Paulo

Título do original: *The Moon Oracle*.

Para Dotty Smith, Mãe de Caroline Lua Áries e
Kitty Astrop, Mãe de John Lua Virgem

Copyright do texto © 2000 John Astrop e Caroline Smith.
Copyright das ilustrações © 2000 Caroline Smith.
Copyright desta edição © 2000 Eddison Sadd Editions.

Todos os direitos reservados. Nenhuma parte deste livro poderá ser reproduzida de qualquer forma ou meio sem permissão por escrito, exceto em casos de breves citações incorporadas em artigos da crítica ou revisões. Para informações, escreva para a St. Martin's Press, 175 Fifth Avenue, New York, NY 10010.

Os direitos de John Astrop e Caroline Smith de serem identificados como os autores da obra foram assegurados de acordo com a Lei para Direitos de Reprodução, Desenhos e Patentes de 1988.

O primeiro número à esquerda indica a edição, ou reedição, desta obra. A primeira dezena à direita indica o ano em que esta edição, ou reedição, foi publicada.

Edição	Ano
2-3-4-5-6-7-8-9-10	03-04-05-06-07-08-09

Direitos de tradução para o Brasil
adquiridos com exclusividade pela
EDITORA PENSAMENTO-CULTRIX LTDA.
Rua Dr. Mário Vicente, 368 — 04270-000 — São Paulo, SP
Fone: 272-1399 — Fax: 272-4770
E-mail: pensamento@cultrix.com.br
http://www.pensamento-cultrix.com.br
que se reserva a propriedade literária desta tradução.

Impresso em nossas oficinas gráficas.

SUMÁRIO

INTRODUÇÃO 6

CHAVE PARA AS CARTAS DAS FASES DA LUA
CHAVE PARA AS CARTAS DAS CASAS

AS FASES DA LUA 18

AS DEUSAS DA LUA 53

AS CASAS DA LUA 79

COMO FAZER A LEITURA 108

AS TABELAS DA LUA 116

AGRADECIMENTOS 135

INTRODUÇÃO

Nenhuma imagem do cotidiano tem o poder de extasiar e inspirar a fantasia e a imaginação de cada um de nós como o belíssimo satélite do nosso planeta, a Lua. Todos os países possuem um folclore rico em interpretações e presságios para cada uma de suas fases e para as flutuações de suas delicadas e transitórias aparições.

Desde os primórdios da civilização, a familiaridade e a previsibilidade do aparecimento e desaparecimento diário do Sol tornaram-se um padrão que serviria de base à criação do calendário e à caracterização das estações. Para a humanidade, de um modo geral, a Lua era muito mais misteriosa em sua natureza.

Uma criatura estranha e mística, a Lua é um fenômeno de mutabilidade com nenhum padrão óbvio de aparecimento. Uma noite surge cheia e voluptuosa, em outra como um tênue crescente; ocasionalmente alta no céu, em outras ocasiões bem baixo no horizonte. O que é mais estranho ainda, a mais pálida das Luas às vezes aparece durante o dia, desafiando o Sol a torná-la invisível, enquanto que em algumas noites não aparece em momento algum. Não há razão para espanto que *Luna* tenha cativado os corações e alimentado as fantasias da humanidade.

A influência da Lua

A influência da Lua em nossas vidas é enorme. Quase todos os calendários indicam as Luas Nova e Cheia em cada mês. As pessoas plantam, podam e colhem frutos em cada fase apropriada da Lua. As previsões climáticas baseadas na observação da Lua parecem tão confiáveis como as previsões climáticas mais "científicas".

Lua pálida traz a chuva,
Lua vermelha traz o vento,
Lua branca não traz chuva nem vento.

Do provérbio latino (Clarke, 1639)

Dizem que ela nos torna "lunáticos", apaixonados, nos transforma em lobisomens e, de um modo geral, faz com que nossas vidas acompanhem seus ritmos flutuantes.

É erro próprio da Lua;
Ela se acerca da Terra mais do que se desejaria,
E enlouquece os homens.

Shakespeare, *Otelo*, V, ii

O ponto de vista científico arraigado, que rejeita a astrologia por considerar que os planetas não podem afetar a nossa vida porque estão longe demais para exercer qualquer influência, é difícil de se sustentar no que se refere à Lua. É inegável o fato de que a Lua exerce uma força poderosa nas marés em todas as massas de água deste planeta. Como o nosso corpo físico é composto de água em sua maior parte, é perfeitamente ló-

Introdução

gico presumir que a Lua deve afetar o comportamento humano, e pesquisas cada vez mais sérias vêm sendo realizadas para estabelecer esse fato.

AS FASES DA LUA

A Lua executa sua órbita em torno da Terra em 29,53 dias. Esse período é conhecido como mês lunar. As fases da Lua, desde a Lua Nova até a Lua Cheia, são reveladas pela luz proveniente do Sol, que ilumina somente um lado da Lua, deixando o outro lado no escuro. O formato da Lua, que percebemos em cada uma das fases do seu ciclo, é determinado pela sua posição em relação à Terra e ao Sol. O diagrama abaixo mostra a órbita percorrida pela Lua e a sua posição em cada fase.

O simbolismo das fases da Lua
Uma metáfora perfeita para a seqüência do ciclo da Lua é o nascimento e crescimento de uma planta: desde o seu

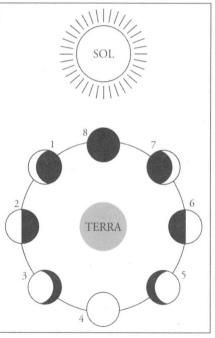

8. LUA NOVA
No final do ciclo, a Lua se posiciona diretamente entre a Terra e o Sol. Conseqüentemente, a face da Lua voltada para a Terra está completamente imersa na escuridão, não sendo possível ver absolutamente nada da sua superfície. Quando a Terra, a Lua e o Sol estão perfeitamente alinhados, ocorre o eclipse do Sol.

1. LUA CRESCENTE
A Lua inicia sua jornada orbital em direção ao Leste e, cerca de três dias depois, uma pequena área do lado iluminado revela-se como um crescente delicado à esquerda da Lua. À medida que a luminosidade aumenta, dizemos que a Lua está crescendo.

2. PRIMEIRO QUARTO DA LUA
Nos três dias e meio seguintes o crescente aumenta até a metade esquerda do círculo ficar iluminada. A Lua moveu-se noventa graus e cobriu a primeira quarta parte de sua jornada.

3. LUA GIBOSA
A Lua continua a crescer até que três quartos do disco lunar estejam iluminados. Chamamos a essa fase de Lua Gibosa.

4. LUA CHEIA
A cada uma das noites seguintes a Lua Gibosa cresce até ficar em posição diretamente oposta ao Sol, quando então o disco lunar fica totalmente iluminado.

7. LUA BALSÂMICA
À medida que a Lua prossegue em sua jornada, a luz refletida diminui cada vez mais até restar apenas um crescente estreito, à direita do disco lunar. Essa fase é chamada Lua Balsâmica.

6. ÚLTIMO QUARTO DA LUA
Alguns dias mais tarde, a Lua está novamente com a metade de sua superfície iluminada e a outra metade no escuro, sendo que a metade iluminada está agora no seu lado direito. A Lua chegou à última quarta parte da sua jornada.

5. LUA MINGUANTE
A Lua agora inicia a segunda metade do seu ciclo, diminuindo gradualmente sua luminosidade. Dizemos então que a Lua está minguando. Três dias e meio depois o círculo perfeito de luz se desfaz. Essa fase é conhecida como Lua Minguante.

crescimento inicial a partir da semente até a produção das flores e das frutas, seguindo-se a morte gradual das folhas e da floração e a dispersão de novas sementes que permanecem adormecidas até brotarem da terra. Cada fase da Lua pode ser comparada aos seguintes estágios do ciclo de vida de uma planta:

1. CRESCENTE — O aparecimento dos primeiros brotos que emergem da terra dura e fria no início da primavera.
2. PRIMEIRO QUARTO — O desenvolvimento das folhas que brotam à medida que a planta ganha forças.
3. GIBOSA — A planta absorve mais alimento e luz solar e produz botões.
4. CHEIA — Os botões desabrocham ao calor da luz solar e a planta floresce.
5. MINGUANTE — As pétalas das flores morrem e são substituídas pelas frutas maduras.
6. ÚLTIMO QUARTO — As folhas e flores remanescentes caem, deixando somente os tegumentos que contêm as sementes.
7. BALSÂMICA — Os tegumentos abrem-se espalhando as sementes pela terra.
8. NOVA — A terra acolhe as sementes que permanecem adormecidas por todo o inverno.

Cada um de nós nasce numa determinada fase da Lua, e nós expressamos parte da nossa índole pelas características dessa fase. Por exemplo, as pessoas nascidas na fase da Lua Crescente, muitas vezes são pessoas que iniciam e estabelecem tendências. As nascidas durante a fase da Lua Cheia buscam notoriedade e conseguem-na de uma forma ou de outra. As pessoas nascidas durante a fase da Lua Balsâmica plantam sementes para colher frutos num futuro que talvez elas nunca poderão presenciar. Essas pessoas foram as que plantaram, séculos atrás, as pequenas árvores que hoje se transformaram em grandes florestas.

Embora alguns cálculos sejam necessários para descobrir em qual fase da Lua ocorreu o seu nascimento, muitos astrólogos podem fazer um mapa determinando exatamente a data, a hora e o lugar do seu nascimento, o que tornará possível obter essa informação. Existem também alguns endereços na Internet onde esse serviço não é muito caro; algumas vezes é até fornecido gratuitamente.

Quando o leitor tiver determinado a fase em que a Lua se achava por ocasião do seu nascimento, perceberá que, de um modo geral, a vida transcorre mais suavemente nos períodos em que a Lua alcança aquela fase a cada mês. O leitor também poderá constatar que se sentirá tenso, sempre que a Lua estiver numa fase em posição oposta à fase em que se encontrava na data do seu nascimento.

Assim como as pessoas nascidas durante determinada fase da Lua apresentam características próprias dessa fase, também os acontecimentos que ocorrem em determinado período do ciclo lunar apresentam as características daquele período e algumas atividades são mais adequadas em algumas fases da Lua do que em outras. Por exemplo, o período da Lua Cheia é o melhor período para os projetos florescerem e pros-

INTRODUÇÃO

perarem, enquanto no período da Lua Nova é aconselhável adiar um projeto até que o momento seja oportuno para colocá-lo em prática. A figura correspondente a cada fase é simples de compreender e pode ser facilmente interpretada com um significado prático aplicável à consulta apresentada.

Tipos de personalidades correspondentes a cada uma das oito fases da Lua

1. CRESCENTE

As pessoas nascidas com a Lua a 45-90 graus adiante do Sol no círculo do zodíaco são tipos da Lua Crescente. Se você nasceu durante essa fase, é uma pessoa motivada para agir e sente necessidade de confiar em si mesmo. O desejo de se envolver com novos projetos é evidente e, com freqüência, revela uma necessidade de fugir do passado. Há momentos em que você se sente oprimido subconscientemente pelas experiências anteriores de sua vida.

Pessoas nascidas na fase da Lua Crescente: Franz Liszt, J. F. Kennedy, Andrew Carnegie, Bob Geldof, Mary MacArthur, Indira Gandhi.

2. PRIMEIRO QUARTO

As pessoas nascidas com a Lua a 90-135 graus adiante do Sol no círculo do zodíaco são tipos do Primeiro Quarto da Lua. Se você nasceu durante essa fase, precisa se envolver com atividades gerenciais que requerem atitudes enérgicas para se sentir motivado ou realizado. Você é o tipo de pessoa que conhece a importância da construção de uma estrutura firme para um futuro seguro;

não obstante, se sente gratificado quando observa edificações velhas e decadentes ruírem diante de métodos novos e aperfeiçoados. Você é muito mais um assentador de fundações do que um sonhador.

Pessoas nascidas na fase do Primeiro Quarto da Lua: Joseph Stalin, Oliver Cromwell, Baudelaire, Germaine Greer, Shirley MacLaine, Grace Kelly.

3. GIBOSA

As pessoas nascidas com a Lua a 135-180 graus adiante do Sol no círculo do zodíaco são tipos da Lua Gibosa. Se você nasceu durante essa fase, o crescimento pessoal para você é muito importante. Você sente a necessidade de contribuir com algo significativo e de valor para a sociedade, e está preparado para trabalhar em prol desse objetivo. Ter objetivos claros na vida é algo fundamental para você, e a sua mente aguçada está focalizada em idéias relacionadas com uma causa meritória.

Pessoas nascidas na fase da Lua Gibosa: Lord Byron, George Gershwin, Isaac Newton, Franklin D. Roosevelt, Christian Dior, Luciano Pavarotti.

4. CHEIA

Todas as pessoas nascidas na fase da Lua Cheia, e durante os três dias e meio subseqüentes, são do tipo da Lua Cheia. Se você nasceu durante esse período, anseia por ser notado, reconhecido pelas suas realizações e por constatar que a concretização desses feitos exerceu alguma influência no mundo. Existe sempre uma compreensão clara e objetiva do relacionamento entre os fatores pessoais e os fatores sociais.

Pessoas nascidas na Lua Cheia: Rudolf Steiner, Joana D'Arc, Krishnamurti, General Franco, Tina Turner, Kirk Douglas.

5. MINGUANTE

Todos aqueles nascidos com a Lua Minguante a 135-90 graus atrás do Sol ou três e meio a sete dias depois da Lua Cheia são do tipo da Lua Minguante. Se você nasceu durante essa fase, é capaz de pôr em prática os seus próprios conhecimentos e a sua experiência. Também poderá conseguir sucesso ao reconhecer e promover o valor ou o trabalho dos outros. Você é uma espécie de propagandista e divulgador de tudo que considera meritório.

Pessoas nascidas na Lua Minguante: Adolf Hitler, Carl Jung, Dante Alighieri, Whitney Houston, Olivia Newton John, Bill Clinton.

6. ÚLTIMO QUARTO

As pessoas nascidas com a Lua Minguante a 90-45 graus atrás do Sol são pessoas do tipo do Último Quarto. Se você nasceu durante essa fase, tem necessidade de aplicar suas convicções ideológicas no seu cotidiano. Nas relações pessoais e sociais, você tende a se manter fiel às atitudes e aos princípios que se sente compelido a apoiar. Você é o tipo de pessoa que está preparada para trabalhar por um futuro que talvez não verá, como as pessoas que plantam árvores para as futuras gerações.

Pessoas nascidas no Último Quarto da Lua: Mahatma Gandhi, Nikolai Lenin, Billie Jean King, Walt Disney, Oprah Winfrey, Billie Holliday.

7. BALSÂMICA

As pessoas nascidas durante os três dias e meio que antecedem a chegada da fase da Lua Nova são tipos da Lua Balsâmica. Se você nasceu durante essa fase, tem uma percepção quase profética do futuro. Você tem um forte sentimento de destinação social, como se estivesse avançando em direção ao seu objetivo na vida. As emoções são bastante intensas e as faculdades intuitivas são muito desenvolvidas.

Pessoas nascidas na fase da Lua Balsâmica: Robespierre, Kant, Abraham Lincoln, Cecil Rhodes, Georgio Armani, Steffi Graf.

8. LUA NOVA

As pessoas nascidas na fase da Lua Nova e até três dias e meio depois são tipos da Lua Nova. Se você nasceu durante essa fase, é subjetivo, impulsivo e emotivo em seu relacionamento com as outras pessoas e com a sociedade, de uma maneira geral. Freqüentemente, é difícil para você distinguir o que é sonho e o que é realidade, e as pessoas que o cercam podem se parecer mais como você as imagina do que como elas realmente são. Você tem iniciativa e exerce influência sobre aqueles que o cercam, o que você faz hoje, outros farão amanhã. Você aprecia novos empreendimentos e se isso significa livrar-se de um bocado de velhas inutilidades, tanto melhor.

Pessoas nascidas na Lua Nova: Sigmund Freud, Rainha Victoria, Woodrow Wilson, Karl Marx, Annie Lennox, Harrison Ford.

Os Elementos

Em astrologia, e certamente em toda a simbologia, os quatro elementos: Fogo, Terra, Ar e Água representam as características de ações Criativas, Materiais, Mentais e Emocionais.

À medida que a Lua se move em torno da Terra, ela também se move em torno das doze divisões de 30 graus da eclíptica que os astrólogos denominam os signos do zodíaco. A Lua se move atravessando um signo em aproximadamente dois dias e meio, completando uma jornada em torno dos doze signos em um mês lunar. A cada uma das oito fases da Lua, esta estará em um signo diferente do zodíaco e o signo em que ela se posicionar definirá qual dos quatro elementos regerá aquela fase.

Cada signo do zodíaco tem uma característica pertinente a um elemento, conforme descrito a seguir:

Fogo – Áries, Leão, Sagitário
Terra – Touro, Virgem, Capricórnio
Ar – Gêmeos, Libra, Aquário
Água – Câncer, Escorpião, Peixes

PERGUNTAS RELACIONADAS COM O ELEMENTO FOGO

Quando mencionamos a criatividade, muitas pessoas pensam apenas nas artes, o que não corresponde à realidade. Todos nós criamos no sentido que estamos todos envolvidos no ato de fazer as coisas acontecerem – tanto quando fazemos algo partindo do que parecia inexistente como quando temos uma percepção daquilo que poderá ser feito e aplicamos nossa energia para transformar aquela possibilidade em algo concreto. Todos nós somos criativos em determinado grau. Quando comerciantes visualizam um mercado potencial e empenham-se em fornecer aquele artigo ou serviço que até então não existia, essas pessoas estão sendo criativas. Quando você toma a iniciativa, se dedica a uma atividade ou se torna responsável por colocar planos em ação, está usando a sua criatividade. Você está ativando o Elemento Fogo dentro de você. As características de iniciativa e visão de todos os atos criativos indicam que o Fogo representa a intuição ou o conhecimento antecipado de algo antes que este ocorra.

Temas para o Elemento Fogo – trabalho criativo, projetos novos, competição, entusiasmo, excitação, exagero, jogos, paixão, exibicionismo, diversão.

As cartas da fase da Lua em Fogo são vermelhas.

PERGUNTAS RELACIONADAS COM O ELEMENTO TERRA

O Elemento Terra abrange tudo que é físico e palpável, incluindo lar, dinheiro, propriedades, bens e aquisições. Esse elemento também abrange o seu corpo físico – sua aparência, as roupas que você usa, o alimento que você come e, naturalmente, sua saúde. O instinto de clã é forte em nós e em tudo que se refere às outras pessoas que consideramos como nossa propriedade; Terra abrange a família, os amigos, as crianças e os colegas. Terra representa tudo aquilo que tem potencial para crescer em direção a algo maior. A construção de casas, palácios, negócios e impérios, tudo isso se enquadra na categoria Terra. Terra significa sua autoridade, sua posição social, suas habilidades e realizações.

Temas para o Elemento Terra – sistema, leis, rotina, negócios, compras, seguros, hipotecas, economias, herança, tradição, experiência, construção, jardinagem, agricultura, assuntos bancários.

As cartas da fase da Lua em Terra são verdes.

PERGUNTAS RELACIONADAS COM O ELEMENTO AR

O Elemento Ar tem tudo a ver com o intelecto. Ele abrange o amplo leque de idéias, o raciocínio lógico, a imaginação, os ensinamentos, o aprendizado, a comunicação com as outras pessoas e todos os assuntos que envolvem a escrita, a mídia, os contratos e os acordos. O Elemento Ar também abrange as formas mais alegres de contato social – festas, encontros com amigos, eventos sociais, comemorações, reuniões, etc. Como o Elemento Ar diz respeito às comunicações, ele também abrange todo tipo de movimento e de contato, tais como telefonemas, correio eletrônico, correspondência e viagens curtas. O Elemento Ar também controla as viagens da mente no sentido mais amplo – o estudo, a educação avançada, a mídia, a televisão.

Temas para o Elemento Ar – idéias, invenções, mente, conceito, versatilidade, explicações, raciocínios, reuniões, discussões, contratos.

As cartas da fase da Lua em Ar são amarelas.

PERGUNTAS RELACIONADAS COM O ELEMENTO ÁGUA

O Elemento Água representa o aspecto emocional de nossas vidas. O amor, o ódio, o desejo, a repulsa, o prazer, a dor – esse Elemento trata do que nós sentimos. É o elemento que trata dos relacionamentos emocionais que envolvem a família, os amantes, os rivais e até mesmo os inimigos. O Elemento Água simboliza as premonições, os receios, as lembranças e a nostalgia, mas, acima de tudo, a Água representa o inconsciente. Portanto, esse elemento estará envolvido em perguntas relacionadas a todos os outros elementos. O simbolismo de Água reflete a maneira pela qual, como o elemento em si mesmo, você se molda e adapta seus sentimentos a qualquer situação que estiver vivenciando. Como a água, as emoções se movem para dentro e para fora, indo e vindo como as marés, elas levam para longe situações difíceis e, acima de tudo, sobrevivem. A imagem que retrata a água desgastando e corroendo a rocha mais dura sugere que esse é o mais persistente e poderoso de todos os elementos.

Temas para o Elemento Água — amor, ódio, raiva, sentimento, solidariedade, preocupação, ternura, frustração.

As cartas da fase da Lua em Água são azuis.

Combinação dos elementos e das fases da Lua

Existem trinta e duas cartas das Fases da Lua que correspondem às oito Fases da Lua em cada um dos quatro conjuntos

INTRODUÇÃO

de Elementos. Essas cartas são as mais importantes do baralho. Elas são o elo com a Lua na fase em que se encontra no céu no momento em que é feita a leitura (*veja página 18*, As Fases da Lua). Elas são inigualáveis nos sistemas divinatórios e podem nos dizer quando os fatos aconteceram no passado e quando ocorrerão no futuro.

Quando o leitor tiver aprendido o significado das oito fases da Lua, interpretá-las nos termos dos seus Elementos será uma tarefa simples. O Elemento indica o foco do conceito enquanto a fase da Lua descreve o seu estágio de crescimento desde a semente até a fruição.

Por exemplo, a carta que mostra a Lua Crescente em Terra sugere os pri-

CHAVE PARA AS CARTAS DAS FASES DA LUA					
1	◑	CRESCENTE	BROTOS	FOGO TERRA AR ÁGUA	IMPULSO INVESTIMENTO IDÉIA INSTINTO
2	◐	CRESCENTE PRIMEIRO QUARTO	FOLHAS	FOGO TERRA AR ÁGUA	COMPETIÇÃO ESTABILIDADE ADAPTABILIDADE ESCOLHA
3	◯	CRESCENTE GIBOSA	BOTÕES	FOGO TERRA AR ÁGUA	INDIVIDUALIDADE AMBIÇÃO PROMOÇÃO PAIXÃO
4	◯	LUA CHEIA	FLOR	FOGO TERRA AR ÁGUA	RECONHECIMENTO CONQUISTA SOLUÇÃO DESEMPENHO
5	◑	MINGUANTE DISPERSANTE	FRUTO	FOGO TERRA AR ÁGUA	CONFIANÇA RESPONSABILIDADE REPUTAÇÃO PROMESSA
6	◐	MINGUANTE ÚLTIMO QUARTO	QUEDA	FOGO TERRA AR ÁGUA	OPOSIÇÃO PRINCÍPIOS DESAFIO MANIPULAÇÃO
7	◑	MINGUANTE BALSÂMICA	SEMENTES	FOGO TERRA AR ÁGUA	COMPROMISSO NEGOCIAÇÃO CONCESSÃO DESILUSÃO
8	●	LUA NOVA	ADORMECIDA	FOGO TERRA AR ÁGUA	RECARGA ECONOMIA REVISÃO ISOLAMENTO

meiros brotos (ou o início) de um empreendimento material, talvez o começo de um projeto financeiro; a Lua Cheia em Água significa o desabrochar de um relacionamento ou de uma emoção sentimental e exporá, talvez, alguns sentimentos até então ocultos; a Lua Balsâmica em Fogo significa implantar as sementes de um projeto criativo destinado a ser posto em prática, porém em data posterior, ou ainda reservar um projeto para uma época mais oportuna; o Último Quarto em Ar pode indicar a revisão ou uma nova forma de apresentação de uma idéia, com base em alguma experiência bem-sucedida anteriormente.

As combinações básicas são simples e, se o leitor praticar com alguns testes, ficará demonstrado que é possível aprender a interpretar as cartas das fases da Lua em apenas uma hora ou duas.

AS CASAS DA LUA

As casas da Lua figuram na astrologia em muitas partes do mundo e, em nossa opinião, foram desenvolvidas na astrologia da antigüidade que se baseava mais na Lua do que no Sol. Existem evidências de que na Babilônia e no Egito a astrologia se orientava pela Lua e, até mesmo nos tempos de Roma, o imperador Augusto não usava o seu signo do Sol, mas o seu signo da Lua, Capricórnio, na cunhagem de suas moedas.

Como a Lua percorre os 360 graus do zodíaco, esse pode ser dividido em vinte e oito segmentos, e cada um deles

O anel interior mostra os doze signos do zodíaco. O anel do meio mostra os três decanatos em cada signo com os planetas que os regem. O círculo externo mostra as vinte e oito casas da Lua.

OS SÍMBOLOS PLANETÁRIOS		
SÍMBOLO	PLANETA	SIGNO ASSOCIADO E SÍMBOLO
☉	SOL	LEÃO ♌
☽	LUA	CÂNCER ♋
☿	MERCÚRIO	GÊMEOS ♊ E VIRGEM ♍
♀	VÊNUS	TOURO ♉ E LIBRA ♎
♂	MARTE	ÁRIES ♈
♃	JÚPITER	SAGITÁRIO ♐
♄	SATURNO	CAPRICÓRNIO ♑
♅	URANO	AQUÁRIO ♒
♆	NETUNO	PEIXES ♓
♇	PLUTÃO	ESCORPIÃO ♏

INTRODUÇÃO

se aproxima do período diário da Lua durante um mês lunar. Cada segmento é uma casa da Lua e cobre 12 graus e 51 minutos do círculo. Seja qual for a fase em que a Lua estiver, ela também estará posicionada em uma das casas. Veja a ilustração na página anterior, coluna da esquerda.

Tradicionalmente, cada signo do zodíaco é subdividido em três decanatos de 10 graus. Cada decanato é regido pelo planeta de um dos três signos daquele grupo dos Elementos.

Por exemplo, se tomarmos o signo do Fogo, Áries, o primeiro decanato é regido pelo próprio Áries e pelo planeta Marte. O segundo decanato é regido por Leão e pelo Sol, e o terceiro decanato é regido por Sagitário e pelo planeta Júpiter. Cada uma das casas da Lua

CHAVE PARA AS CARTAS DAS CASAS					
CASA	INÍCIO	FIM	PLANETAS	PALAVRAS-CHAVE	ELEMENTO
1. O Vulcão	00.00 ♈	12.51 ♈	♂☉	Criação de energia	Fogo
2. O Musicista	12.51 ♈	25.43 ♈	☉♃	Esplêndida oportunidade	Fogo
3. O Palácio	25.43 ♈	08.34 ♉	♃♀	Condescendência generosa	Fogo/Terra
4. A Pedra	08.34 ♉	21.26 ♉	♀♄	Encontro influente	Terra
5. A Roda	21.26 ♉	04.17 ♊	♄☿	Comunicação prática	Terra/Ar
6. A Ponte	04.17 ♊	17.08 ♊	☿♀	Um elo mental	Ar
7. O Visitante	17.08 ♊	00.00 ♋	♀♅	Relacionamento inesperado	Ar
8. O Cavaleiro	00.00 ♋	12.51 ♋	☽♀	Proteção instintiva	Água
9. A Jarra	12.51 ♋	25.43 ♋	♀♆	Ajudar os outros	Água
10. A Fonte	25.43 ♋	08.34 ♌	♆☉	Imaginação intensa	Água/Fogo
11. A Fortuna	08.34 ♌	21.26 ♌	☉♃	Sorte extremamente boa	Fogo
12. A Queda	21.26 ♌	04.17 ♍	♂☿	Necessidade de um novo começo	Fogo/Terra
13. O Altar	04.17 ♍	17.08 ♍	☿♄	Pensamentos pessimistas	Terra
14. O Cetro	17.08 ♍	00.00 ♎	♄♀	Desejo de ser aceito	Terra
15. O Buquê	00.00 ♎	12.51 ♎	♀♅	Encontro inesperado/escolha	Ar
16. A Porta	12.51 ♎	25.43 ♎	♅☿	Oportunidade nova	Ar
17. A Espada	25.43 ♎	08.34 ♏	☿♀	Pensamentos de vingança	Ar/Água
18. O Sacrifício	08.34 ♏	21.26 ♏	♀♆	Extremos emocionais	Água
19. Dois Caminhos	21.26 ♏	04.17 ♐	☽♃	Emoções excitantes	Água/Fogo
20. O Precipício	04.17 ♐	17.08 ♐	♃♂	Impetuosidade	Fogo
21. O Duelo	17.08 ♐	00.00 ♑	♂☉	Ação competitiva	Fogo/Terra
22. O Casamento	00.00 ♑	12.51 ♑	♄♀	Comportamento adequado	Terra
23. A Confissão	12.51 ♑	25.43 ♑	♀☿	Conversa confidencial	Terra
24. A Máscara	25.43 ♑	08.34 ♒	☿♅	Decepção	Terra/Ar
25. O Rebelde	08.34 ♒	21.26 ♒	♅☿	Discussão por uma causa	Ar
26. O Prisioneiro	21.26 ♒	04.17 ♓	♀♆	Procura por fuga	Ar/Água
27. O Guru	04.17 ♓	17.08 ♓	♆☽	Inspiração, fuga	Água
28. A Adormecida	17.08 ♓	00.00 ♈	☽♀	Premonição, suspeita	Água

assume as características dos signos do zodíaco e dos planetas regentes dos decanatos que eles abrangem. Muitas trazem consigo a natureza de dois signos combinados.

Este baralho contém vinte e oito cartas das casas da Lua. O nome de cada carta dá uma indicação simples para a sua compreensão. Em pouco tempo o leitor estará capacitado a ler as cartas pela simples observação das imagens estampadas nelas. O significado de cada casa é definido pela astrologia e as interpretações são dadas para cada uma das cartas. Da combinação da fase da Lua com as cartas das casas da Lua resulta uma grande variedade de interpretações que são possíveis em qualquer leitura.

AS DEUSAS

No panteão de deuses e deusas, assim como muitos deuses são deuses do Sol, as deusas em grande número são associadas à Lua. Nas muitas histórias clássicas sobre deusas, essas são descritas como detentoras do poder sobre a vida e a morte e expressam impulsos extremos, desde a mais profunda compaixão e amor, até o último grau de ódio e crueldade. Essas figuras não são seres humanos, mas representam as boas e as más qualidades inerentes em todos nós.

A cada deusa é atribuído um signo astrológico de acordo com a estação do ano à qual ela é associada. Assim, as jovens e iniciantes deusas Brancas avançam pelo Outono desde Peixes, passan-

A roda das deusas

INTRODUÇÃO

do por Áries, Touro e Gêmeos. As deusas Vermelhas que sustentam o amadurecimento se movem pelos meses de Inverno, desde Câncer, através de Leão, Virgem e Libra. As deusas Negras destruidoras começam em Escorpião e avançam pelos signos de Sagitário, Capricórnio e Aquário.

Em qualquer leitura, a carta da deusa que é retirada da seleção preside a consulta. Ela age como um anjo guardião ou fada madrinha que cuida dos seus interesses. Cada deusa representa uma abordagem diferente para uma ação mais eficaz. É preciso aprender com ela. Ela mostra a maneira como se deverá agir para conseguir chegar à conclusão desejada para a consulta ou problema apresentados. Para se familiarizar com cada divindade, é aconselhável escolher ao acaso uma deusa para um determinado dia. Observe como as características dela se relacionam com os acontecimentos em sua vida.

AS FASES DA LUA

A LUA DA LEITURA

A carta que representa a fase da Lua em curso deve ser selecionada antes que seja feita qualquer consulta. Essa é a Lua da Leitura e nos liga com o poder divinatório e com a disposição da Lua em curso. Essa regerá toda a consulta. Quando a Lua da Leitura está na fase Crescente, ela sempre representará o potencial de crescimento para a Lua Cheia e o sucesso. Quando está na fase Minguante, as coisas poderão acabar se deteriorando e entrar em um estágio de adormecimento ou espera antes que possam renovar-se. Quando a Lua da Leitura é selecionada nas Tabelas da Lua, ela também definirá o Elemento e o Signo nos quais ela aparece. Isso possibilita uma interpretação mais específica e determinará a atmosfera predominante na leitura que influenciará todas as outras interpretações das cartas.

COMO LOCALIZAR DATAS COM AS CARTAS DAS FASES DA LUA

Outras cartas das Fases da Lua que são consultadas como parte de uma leitura representarão o passado e o futuro. Nesse caso, elas poderão ser localizadas nas Tabelas da Lua para que possam determinar a época que representam. Por exemplo, se em uma leitura uma carta escolhida para um acontecimento ocorrido no passado for da Lua Crescente em Água, deveremos procurar nas Tabelas da Lua pela data em que a Lua esteve pela última vez naquela fase. Isso muitas vezes pode ter ocorrido meses atrás.

Por exemplo, vamos proceder a uma leitura de três cartas em 30 de novembro de 2000. As tabelas mostram que nossa Lua de Leitura é a Lua Crescente em Terra, Capricórnio. Das cartas das Fases da Lua, já embaralhadas, selecionamos para o passado a Lua Cheia em Água e, para o futuro, a Lua Minguante em Ar.

A Lua Cheia em Água, no passado, refere-se ao florescimento ou à revelação de um acontecimento importante que envolve emoções. Quando este ocorreu? Voltamos às tabelas e descobrimos que em 13 de setembro de 2000 a Lua Cheia estava em Peixes. Isto nos dá a seguinte interpretação adicional (veja página 47).

"Este é um período de euforia para os Piscianos. Tudo o que foi visualizado e imaginado tornou-se realidade. Em assuntos relativos a relacionamentos existe o perigo de colocar aqueles que amamos em um pedestal muito alto."

Isso nos dá um vislumbre maior do passado e nos liga diretamente à Lua daquela data.

Quanto à carta para o futuro, a Lua Minguante em Ar, precisamos procurar nas tabelas pelas datas futuras. Em 11 de fevereiro de 2001 encontraremos a Lua Minguante em Libra, com a seguinte interpretação: "Você testou a si mesmo e

As Fases da Lua

agora pode desfrutar de sua boa reputação. Os outros apreciam o seu valor e o respeitam pelas suas realizações no passado", e assim, seja qual for a consulta feita, estaremos definindo um período durante o qual o assunto estará resolvido (veja página 40).

Portanto, como se pode deduzir, sempre que uma carta das Fases da Lua for selecionada, será possível consultar as Tabelas da Lua para a frente e para trás, para encontrar o evento ocorrido no passado ou o seguinte daquela fase.

1. Lua Crescente em Fogo
Brotos ♦ *Impulso*

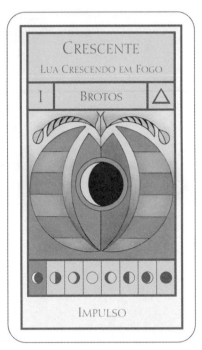

A fina Lua Crescente em Fogo é exaltada e impulsiva. Existe uma característica de "impaciência" nesse período que impele todos a agir apressada e arrebatadamente. O otimismo e o entusiasmo que abundam durante essa fase põem em ação as iniciativas mais criativas.

Quando esta carta é a da Lua em curso, selecionada nas Tabelas da Lua, os signos do zodíaco seguintes oferecem uma interpretação adicional.

LUA EM ÁRIES – A visão está aqui, a energia está aqui, o que todos estão esperando? Durante essa fase específica da Lua, quando você sabe que não precisa de ninguém – você fará isto do seu jeito!

LUA EM LEÃO – Durante esse período você tem um desejo agudo de assumir um projeto ou de liderar uma ação. Você também está ansioso para assegurar que todos saibam o que você está fazendo e que o estimem por fazê-lo.

LUA EM SAGITÁRIO – Seus olhos fixam o horizonte e talvez, quando você chegar lá, se fixarão naquele que se seguirá! Essa é uma época em que você viaja esperançoso.

2. Primeiro Quarto da Lua Crescente em Fogo
Folhas ♦ *Competição*

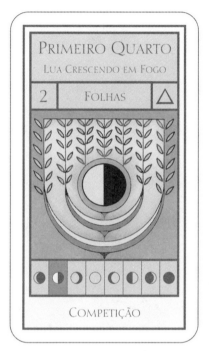

Quando a Lua avança para o Primeiro Quarto em Fogo, a 90 graus do Sol, sua face está metade escura, metade iluminada e tudo permanece estável. Todavia, para o Elemento Fogo isto não é suficiente. Essa fase induz a uma forte compulsão para progredir e tornar as coisas favoráveis para você. Ela estimula o impulso de vencer.

Quando esta carta é a da Lua em curso, selecionada nas Tabelas da Lua, os signos do zodíaco seguintes oferecem uma interpretação adicional.

LUA EM ÁRIES — Essa é a mais agressiva das fases do Primeiro Quarto. É um período em que o ímpeto de vencer todo e qualquer obstáculo ao seu progresso é extremo.

LUA EM LEÃO — Existe uma esperança que toda a oposição será afastada para favorecer o seu mérito óbvio. Você sabe que tem uma espécie de direito divino de ser bem-sucedido!

LUA EM SAGITÁRIO — Em busca da verdade você finalmente compreende a situação. Se for necessário, para expor os fatos, melindrar alguns e chocar-se com outros no caminho, que assim seja — o importante é chegar lá.

3. Lua Gibosa Crescente em Fogo
Botões ♦ Individualidade

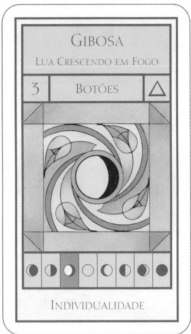

À medida que a luz da Lua aumenta, toda competição se afasta do seu caminho e você compreende que existe inevitabilidade e singularidade no curso de ação que escolheu. Durante essa fase da Lua, você sente uma forte compulsão para completar o seu destino.

Quando esta carta é a da Lua em curso, selecionada nas Tabelas da Lua, os signos do zodíaco seguintes oferecem uma interpretação adicional.

LUA EM ÁRIES — Você está totalmente absorvido em sua dedicação ao projeto que tem em mãos. Nada pode interromper seu progresso agora e o seu desejo de ver o resultado final predomina sobre todos os demais interesses.

LUA EM LEÃO — Esse período pode ser comparado a um ensaio final. Todos sabem suas falas e os atos que devem executar. Tudo o que é necessário é o retoque final para conseguir uma apresentação inigualável.

LUA EM SAGITÁRIO — À medida que a sua jornada deixa entrever o seu final, uma tristeza inevitável toma conta de você e, ao mesmo tempo, seus pensamentos começam a se focalizar no próximo projeto.

4. Lua Cheia em Fogo
Flor ♦ *Reconhecimento*

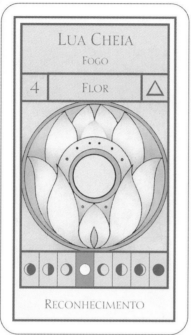

Esta fase representa a conclusão bem-sucedida de um projeto criativo. É o estágio em que todos são convidados a presenciar o resultado dos seus esforços. Você recebe os aplausos pelo seu desempenho ou consegue o resultado almejado em um projeto.

Quando esta carta é a da Lua em curso, selecionada nas Tabelas da Lua, os signos do zodíaco seguintes oferecem uma interpretação adicional.

LUA EM ÁRIES — Você é o guerreiro vitorioso ou o herói que combateu todas as dificuldades e impressionou as pessoas pela sua determinação em vencer. Você se sente gratificado e agora pode descansar por algum tempo.

LUA EM LEÃO — Este é o signo do realizador e a Lua Cheia em Leão tem necessidade de fazer grandes demonstrações. Isso significa receber os aplausos dos outros. É tempo de descansar sobre os louros e desfrutar a fama adquirida.

LUA EM SAGITÁRIO — Você é o viajante, o explorador ou aventureiro que finalmente chegou ao seu destino. Você conseguiu alcançar um resultado bem-sucedido.

5. Lua Minguante Diminuindo em Fogo
Fruto ♦ *Confiança*

Esta fase significa a colheita de benefícios resultantes de conquistas anteriores. Você pode gozar os frutos do seu trabalho. Sua confiança aumenta quando você olha para suas realizações no passado. É um período em que deverá promover e desenvolver algo bom de que você se orgulha de ter iniciado anteriormente.

Quando esta carta é a da Lua em curso, selecionada nas Tabelas da Lua, os signos do zodíaco seguintes oferecem uma interpretação adicional.

LUA EM ÁRIES — Este é um período de reconhecimento de esforços passados. Você é capaz de tirar o máximo proveito de sua reputação e motivado por essa força, pode progredir e desenvolver idéias já criadas.

LUA EM LEÃO — Você pode conseguir popularidade e reconhecimento expandindo ou desenvolvendo o trabalho realizado por outrem no passado.

LUA EM SAGITÁRIO — Você tem a confiança resultante de sua franqueza e objetividade em seus pontos de vista. Sua reputação está no auge e você pode desfrutar de bons contatos em outros países.

6. Último Quarto da Lua Minguante em Fogo
Queda ♦ Oposição

Quando a Lua se posiciona em quadratura com o Sol, o ciclo da Lua atinge uma fase crítica na qual a incerteza predomina. Há uma tendência para forçar situações ou para fazer as coisas acontecerem já que, de uma maneira geral, os fatos não se encaixam facilmente durante essa fase.

Quando esta carta é a da Lua em curso, selecionada nas Tabelas da Lua, os signos do zodíaco seguintes oferecem uma interpretação adicional.

LUA EM ÁRIES — Para atingir seus objetivos, você precisa ser agressivo para conseguir que os assuntos caminhem da forma que deseja ou para que as pessoas ajam de acordo com o que você pretende.

LUA EM LEÃO — Durante esse período você tem que trabalhar duramente para manter sua posição de respeito e reputação. Você não poderá confiar na notoriedade já conquistada para convencer as outras pessoas do seu valor.

LUA EM SAGITÁRIO — Você está diante de dois caminhos conflitantes e, obviamente, nenhum dos dois é uma opção correta a seguir. Você tem a sensação de que a cada dois passos para a frente dá um passo para trás.

7. Lua Balsâmica Minguando em Fogo
Sementes ♦ *Compromisso*

À medida que a luz da Lua diminui para formar um fino crescente voltado para a esquerda conforme você o vê, a Lua atinge seu estado de "semente". Durante essa fase, há uma sensação de estar armazenando para o futuro, o que é uma característica quase profética. Você sente que algo alheio aos seus interesses está ocorrendo.

Quando esta carta é a da Lua em curso, selecionada nas Tabelas da Lua, os signos do zodíaco seguintes oferecem uma interpretação adicional.

LUA EM ÁRIES — Este signo só proporciona bem-estar quando é possível dar andamento às ações em curso, portanto existe uma forte sensação de frustração originada pela inatividade forçada que esse período do ciclo da Lua traz.

LUA EM LEÃO — Este signo é mais feliz do que Áries nesse jogo de espera, e o talento natural de Leão para visualizar projetos futuros de forma criativa se manifestará por si mesmo durante esse período.

LUA EM SAGITÁRIO — Semelhante a Áries, a ação criativa é de grande importância neste signo, porém você estará mais capacitado para focalizar um planejamento de longo prazo.

8. Lua Nova em Fogo
Adormecida ♦ *Recarga*

A fase em que a Lua perde toda a sua luz não se coaduna facilmente com nenhum dos signos de Fogo. Um período como esse é sempre uma frustração para esses signos, envolvidos com ação criativa, movimento e energia, sendo forçados a repousar e a recuperar seus poderes, embora essa necessidade seja reconhecida.

Quando esta carta é a da Lua em curso, selecionada nas Tabelas da Lua, os signos do zodíaco seguintes oferecem uma interpretação adicional.

LUA EM ÁRIES — A inatividade desse período pode produzir uma reação extrema e agressiva. Você está inclinado a forçar a abertura de portas que inevitavelmente o guiam para lugar nenhum até que finalmente você se conscientiza da necessidade de repousar.

LUA EM LEÃO — Sem um projeto criativo para exibir, com a Lua nesse signo você se sentirá desencorajado. Leão precisa ser visto fazendo algo grandioso.

LUA EM SAGITÁRIO — Esse é um período em que você está dividido entre a ilusão e a realidade. A necessidade de introspecção para adquirir novas energias conflita com o seu desejo de estar em algum outro lugar.

1. Lua Crescente Aumentando em Terra
Brotos ♦ *Investimento*

A fina Lua Crescente em Terra é lenta, constante, cautelosa e cuidadosa com o material precioso que está empenhada em nutrir. Este é um período para investir em algo material que você pressente que mais tarde produzirá frutos. Você não tem pressa — tudo acontecerá no seu devido tempo.

Quando esta carta é a da Lua em curso, selecionada nas Tabelas da Lua, os signos do zodíaco seguintes oferecem uma interpretação adicional.

LUA EM TOURO — Touro é conhecido como o jardineiro do zodíaco, e sob esse signo você estará inclinado a cuidar do mais delicado dos projetos com imenso carinho e atenção.

LUA EM VIRGEM — Um período adequado para preparar o futuro, garantindo que tudo o que é necessário será providenciado para o suave encaminhamento de um projeto em direção a uma conclusão bem-sucedida.

LUA EM CAPRICÓRNIO — Paciência é a característica-chave desse signo. Assim, embora o processo seja demorado e requeira trabalho árduo para nutrir as pequenas sementes visando transformá-las em algo maior, isso será conseguido sob a influência da Lua.

2. Primeiro Quarto da Lua Crescente em Terra
Folhas ♦ *Estabilidade*

Quando a Lua se move para o Primeiro Quarto em Terra, a 90 graus do Sol, sua face está metade escura, metade iluminada, e tudo permanece estável. Existe a necessidade de encaminhar a situação a seu favor. Para o Elemento Terra, isto é estimulante e produz o impulso de controlar o projeto em andamento visando encaminhá-lo para um resultado positivo.

Quando esta carta é a da Lua em curso, selecionada nas Tabelas da Lua, os signos do zodíaco seguintes oferecem uma interpretação adicional.

LUA EM TOURO — Uma abordagem obstinada e voluntariosa decorre dessa Lua. Existe em você um impulso inexorável que o motiva a levar adiante quaisquer assuntos de natureza material.

LUA EM VIRGEM — Essa fase da Lua é ideal para estabelecer procedimentos e métodos com relação a qualquer projeto. É uma época propícia para executar detalhes técnicos essenciais.

LUA EM CAPRICÓRNIO — Neste período você poderá recorrer à ajuda de pessoas influentes que poderão atuar em seu favor. Este é um período ideal para a preparação do terreno para o próximo estágio.

3. Lua Gibosa Crescente em Terra
Botões ♦ *Ambição*

À medida que a luz da Lua aumenta durante essa fase crescente, o projeto em andamento torna-se uma proposta viável e é fundamental trabalhar para o seu desenvolvimento até a sua conclusão. O projeto agora está sob a determinação envolvente de levá-lo ao sucesso.

Quando esta carta é a da Lua em curso, selecionada nas Tabelas da Lua, os signos do zodíaco seguintes oferecem uma interpretação adicional.

LUA EM TOURO — Agora que todos os detalhes básicos e práticos importantes do projeto estão resolvidos, é tempo de se preparar para sua apresentação final.

Torna-se muito importante a avaliação do projeto pelas outras pessoas nele envolvidas.

LUA EM VIRGEM — Durante essa fase, você deverá submeter o projeto a uma análise extensa e positiva a fim de definir os elementos que são fundamentais e aqueles que podem ser descartados. Essa análise é a garantia de que tudo transcorrerá suavemente no grande dia.

LUA EM CAPRICÓRNIO — Seu senso de responsabilidade é forte nesse período, e a determinação em completar o trabalho se torna uma missão.

As Fases da Lua

4. Lua Cheia em Terra
Flor ♦ *Conquista*

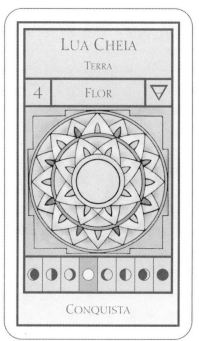

Este período no ciclo da Lua assinala a conclusão bem-sucedida de um projeto material. O resultado de todo o seu trabalho árduo é agora visível para todos e a sua perspicácia nos negócios é apreciada pelas outras pessoas. Esse período indica um bom resultado financeiro.

Quando esta carta é a da Lua em curso, selecionada nas Tabelas da Lua, os signos do zodíaco seguintes oferecem uma interpretação adicional.

LUA EM TOURO — Esse é um período em que a fruição do seu bem merecido sucesso pode facilmente dar origem a uma tendência para ser condescendente demais. Portanto, tente refrear um pouco esses impulsos.

LUA EM VIRGEM — Agora, o sucesso do projeto está completamente assegurado e, se puder encará-lo modesta e naturalmente, em vez de exultar de forma ostensiva, você causará uma impressão mais favorável nas pessoas.

LUA EM CAPRICÓRNIO — A conquista do aplauso e da apreciação das outras pessoas, graças à conclusão bem-sucedida do seu projeto, provavelmente levará a uma posição mais proeminente na vida social.

5. Lua Minguante Diminuindo em Terra
Fruto ♦ *Responsabilidade*

Este é um período no ciclo lunar que indica ganhos materiais advindos dos esforços do passado. A colheita está agrupada agora e você deve ponderar cuidadosamente sobre o que fazer com ela. Existe, nesse período, a responsabilidade de distribuir os benefícios resultantes dos seus ganhos de maneira a garantir a segurança do seu futuro.

Quando esta carta é a da Lua em curso, selecionada nas Tabelas da Lua, os signos do zodíaco seguintes oferecem uma interpretação adicional.

LUA EM TOURO — Este é um período da Lua em que, a fim de manter vivo o seu sucesso, você deve fazer uso cuidadoso de quaisquer ganhos obtidos recentemente, talvez os aplicando em um investimento seguro.

LUA EM VIRGEM — Durante essa fase da Lua, os ganhos materiais são convertidos em métodos e sistemas novos de trabalho, melhores e mais aperfeiçoados. Este é um período adequado para realizar uma análise produtiva.

LUA EM CAPRICÓRNIO — Este é um período para expandir ou partilhar os lucros de um empreendimento bem-sucedido a fim de implantar novas possibilidades para o futuro.

6. Último Quarto da Lua Minguante em Terra
Queda ♦ Princípios

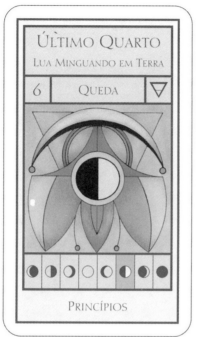

Quando a Lua se posiciona em quadratura com o Sol, formando um ângulo de 90 graus, uma fase crítica é atingida durante a qual tudo é incerto. Há necessidade de examinar cuidadosamente os princípios básicos sob os quais você tem trabalhado, a fim de manter um equilíbrio financeiro viável.

Quando esta carta é a da Lua em curso, selecionada nas Tabelas da Lua, os signos do zodíaco seguintes oferecem uma interpretação adicional.

LUA EM TOURO — Esta é uma fase crítica durante a qual você não pode descansar sobre os louros por mais tempo e precisa reavaliar os fundamentos sobre os quais o projeto está assentado, antes de prosseguir.

LUA EM VIRGEM — O projeto material em que você está envolvido atingiu uma espécie de impasse. A situação financeira é flutuante e difícil de avaliar e você precisa analisar todo o seu método de trabalho.

LUA EM CAPRICÓRNIO — Você é forçado a examinar os princípios que alicerçam o projeto em que está envolvido a fim de conduzir uma situação delicadamente equilibrada para a direção desejada.

7. Lua Balsâmica Minguando em Terra
Sementes ♦ *Negociação*

À medida que a luz da Lua diminui para formar um fino crescente voltado para a esquerda, a Lua atinge o estágio de "semente" do seu ciclo. Essa é uma fase durante a qual o seu controle sobre tudo que se relaciona ao projeto se torna cada vez mais reduzido. Agora é necessário empreender a negociação com as outras pessoas.

Quando esta carta é a da Lua em curso, selecionada nas Tabelas da Lua, os signos do zodíaco seguintes oferecem uma interpretação adicional.

LUA EM TOURO — Durante essa fase da Lua existe o perigo de permanecer vinculado obstinadamente aos seus métodos. Você deve estar preparado para aceitar mudanças inevitáveis e adaptar-se adequadamente.

LUA EM VIRGEM — As rotinas que funcionaram no passado, por alguma razão não são adequadas agora e precisam ser alteradas. Você precisa aceitar essas mudanças compulsórias antes de qualquer progresso viável.

LUA EM CAPRICÓRNIO — Durante esse período que a Lua atravessa, você deve estar preparado para negociar o melhor acordo possível numa situação na qual você tem menos poderes do que podia dispor anteriormente.

8. Lua Nova em Terra
Adormecida ♦ *Economia*

Quando a Lua perde toda a sua luz em um signo de Terra, o progresso torna-se mais lento em todos os assuntos. Quanto aos projetos materiais, este não é um período em que se deva assumir novos investimentos ou envolver-se em qualquer tipo de risco. É um período em que se deve cortar despesas.

Quando esta carta é a da Lua em curso, selecionada nas Tabelas da Lua, os signos do zodíaco seguintes oferecem uma interpretação adicional.

LUA EM TOURO — Este signo não se sente feliz em abrir mão de confortos domésticos que foram conquistados com trabalho árduo, portanto será necessário disciplinar-se mais do que usualmente.

LUA EM VIRGEM — Este é um período em que se deverá decidir quais são as despesas realmente necessárias e quais as que não o são. É necessário manter um controle severo das contas durante essa fase.

LUA EM CAPRICÓRNIO — Este é um período ideal para retomar as partes de um projeto que ficou inacabado devido à necessidade de progredir; é preciso completá-lo de modo que nada seja desperdiçado e que todos os detalhes estejam prontos para um novo começo numa data posterior.

1. Lua Crescente Aumentando em Ar
Brotos ♦ Idéia

A fina Lua Crescente em Ar é um período de iniciação e de novos começos; um período em que há muita pressa e azáfama, animação, pesquisa e discussão. Durante essa fase da Lua você se interessará por uma idéia nova que tem um potencial enorme para se desenvolver.

Quando esta carta é a da Lua em curso, selecionada nas Tabelas da Lua, os signos do zodíaco seguintes oferecem uma interpretação adicional.

LUA EM GÊMEOS — Você tem uma idéia brilhante que vale a pena seguir, porém deverá fazer algumas pesquisas de mercado e reunir mais informações e referências para dar a ela algum conteúdo.

LUA EM LIBRA — Este é um período ideal para estimular discussões com amigos e colegas ou com antigos clientes a fim de conhecer os pontos de vista e as opiniões de outras pessoas sobre a sua idéia.

LUA EM AQUÁRIO — Este é um período propício para explorar a nova idéia por completo. Examine-a em todos os seus detalhes, cuidando para que ela seja testada em diferentes situações para assegurar qual seria a sua melhor configuração.

2. Primeiro Quarto da Lua Crescente em Ar
Folhas ♦ *Adaptabilidade*

Quando a Lua se move para o Primeiro Quarto em Ar, a 90 graus do Sol, é tempo de colher o maior número possível de opiniões das pessoas quanto à sua idéia, e de ajustar o conceito de acordo com elas. Esse é o período em que o seu plano deverá ser modificado e adaptado de forma a poder atrair o maior interesse possível.

Quando esta carta é a da Lua em curso, selecionada nas Tabelas da Lua, os signos do zodíaco seguintes oferecem uma interpretação adicional.

LUA EM GÊMEOS — Existe muito movimento — tanto físico quanto mental — durante este período. Você estará provavelmente envolvido em uma ou duas viagens de negócios no processo de desenvolvimento da idéia original.

LUA EM LIBRA — Será necessário executar o planejamento de sua idéia em sociedade com outra pessoa. Se você puder encontrar a pessoa certa, ela o fará sentir-se confiante para prosseguir.

LUA EM AQUÁRIO — Durante este período, sua idéia está racionalizada e são feitos os preparativos para a sua apresentação. São pesquisadas novas maneiras de comunicar um conceito original.

3. Lua Gibosa Crescendo em Ar
Botões ♦ *Promoção*

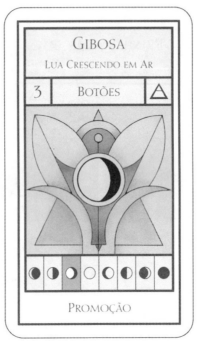

Quando a Lua atinge esta fase do seu ciclo, há mais luz do Sol do que sombra e, simbolicamente, seja qual for o motivo que causa preocupação, mais luz será lançada agora sobre o assunto. É um período propício para expor as idéias com clareza, dar a conhecer suas intenções ou promover com entusiasmo a sua visão do assunto.

Quando esta carta é a da Lua em curso, selecionada nas Tabelas da Lua, os signos do zodíaco seguintes oferecem uma interpretação adicional.

LUA EM GÊMEOS — Este é o estágio ideal para levar a cabo o esforço de venda "de alta pressão". A idéia é confiável e só resta conseguir aprovação total.

LUA EM LIBRA — Com a Lua nessa fase posicionada neste signo, a ajuda virá no seu devido tempo. Um sócio fará todo o trabalho que é necessário para obter sucesso no desenvolvimento do projeto.

LUA EM AQUÁRIO — Este é um período que requer o que não é convencional. Fazer uma abordagem incomum ou até excêntrica aumentará as chances de que a concretização do seu plano seja bem-sucedida.

4. Lua Cheia em Ar
Flor ♦ *Solução*

À medida que a Lua se posiciona em completa oposição ao Sol, ela se transforma numa esfera completa de luz. Esta fase da Lua indica o sucesso, a obtenção do resultado esperado para os esforços que você tem dedicado à sua idéia.

Quando esta carta é a da Lua em curso, selecionada nas Tabelas da Lua, os signos do zodíaco seguintes oferecem uma interpretação adicional.

LUA EM GÊMEOS — Este é um período que pode indicar a assinatura de contratos ou a finalização dos seus planos. Nessa época você estará ocupado em receber cumprimentos das outras pessoas e estará desfrutando a notoriedade obtida.

LUA EM LIBRA — Este é um período que freqüentemente indica o florescimento de uma parceria. Com a Lua neste signo é provável que um julgamento seja decidido em seu favor e você desfrutará do apoio total daqueles que o cercam.

LUA EM AQUÁRIO – É provável que você tenha uma surpresa durante este período. Uma mudança inesperada alterará a situação, o que fará com que as opiniões se voltem a seu favor.

O Oráculo da Lua

5. Lua Minguante Diminuindo em Ar
Fruto ♦ Reputação

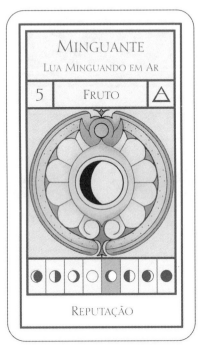

Quando a Lua atinge esta fase em seu ciclo, a glória maior já passou e esse é o período em que você colhe os frutos do seu trabalho. Você pode demonstrar o seu valor e agora pode descansar, sabendo que sua reputação está estabelecida.

Quando esta carta é a da Lua em curso, selecionada nas Tabelas da Lua, os signos do zodíaco seguintes oferecem uma interpretação adicional.

LUA EM GÊMEOS – Você se sentirá inclinado a se vangloriar, agora que sua idéia frutificou, e pode até mesmo ser um pouco indulgente consigo mesmo nesse particular. Gêmeos é o signo da publicidade.

LUA EM LIBRA – Durante este período, as outras pessoas apreciam o seu valor e o respeitam pelas suas realizações. Você agora pode descansar, já que se sente seguro por saber que elas apreciaram sua última idéia.

LUA EM AQUÁRIO – Neste período, uma abordagem incomum que você adotou no passado e que foi desprezada naquela ocasião, está finalmente tendo seu valor reconhecido. Agora, as pessoas respeitam os seus pontos de vista.

6. Último Quarto da Lua Minguante em Ar
Queda ♦ Desafio

A luz da Lua está diminuindo e agora sua face está metade iluminada, metade escura. Neste período do ciclo da Lua, você se defronta com o desafio de propor novas idéias ou conceitos para substituir os anteriores já estabelecidos. Você não pode mais viver no passado e precisa se adaptar.

Quando esta carta é a da Lua em curso, selecionada nas Tabelas da Lua, os signos do zodíaco seguintes oferecem uma interpretação adicional.

LUA EM GÊMEOS — Há uma necessidade de voltar aos estudos para absorver novas informações e se conscientizar do que o resto do mundo está pensando.

LUA EM LIBRA — Neste período você passará mais tempo com amigos chegados, discutindo e buscando pontos de vista diferentes. Você está tomando conhecimento da existência de novos caminhos e de novas portas que se abrem para o futuro.

LUA EM AQUÁRIO — Esse é um período adequado para romper com os hábitos do passado e substituí-los por métodos novos e por um novo conjunto de idéias. É tempo de confrontar a condescendência.

7. Lua Balsâmica Minguando em Ar
Sementes ♦ *Concessão*

Agora, o Sol ilumina apenas um fino crescente do lado direito da Lua, à medida que ela se aproxima do final do seu ciclo mensal. Durante este período, a concentração de sua capacidade mental produz as sementes para o futuro. É um período para fazer concessões e para ajustar idéias às novas circunstâncias.

Quando esta carta é a da Lua em curso, selecionada nas Tabelas da Lua, os signos do zodíaco seguintes oferecem uma interpretação adicional.

LUA EM GÊMEOS – Seu desejo de entrar imediatamente em ação nos projetos é frustrado e você é forçado a esperar. Não rejeite nenhum deles agora, mas reserve-os para apresentá-los novamente em ocasião mais oportuna.

LUA EM LIBRA – Por mais que você ache agradável a companhia das outras pessoas, algumas vezes você precisa estar só para pôr as idéias em ordem. Este é o período adequado para isso.

LUA EM AQUÁRIO – Você sabe o que quer fazer e sabe que precisa esperar. Este é um período em que você é forçado a fazer uma pausa e, com a mente aberta, deixar que os outros desenvolvam a discussão dos assuntos.

8. Lua Nova em Ar
Adormecida ♦ *Revisão*

Não há Lua visível no céu durante esta fase – sua face luminosa está voltada para longe da Terra, e somente quando ocorre um eclipse você pode ver que ela ainda está lá. Tradicionalmente, esse é um período em que nada de bom acontece. É tempo de revisar suas idéias e analisar a direção que sua vida está tomando.

Quando esta carta é a da Lua em curso, selecionada nas Tabelas da Lua, os signos do zodíaco seguintes oferecem uma interpretação adicional.

LUA EM GÊMEOS – Até mesmo para a mente mais ativa e capaz deve-se destinar algum tempo para repousar, reabastecer e se recuperar para os desafios que se seguirão. Faça uma pausa; acima de tudo, não se envolva em ações ousadas durante este período.

LUA EM LIBRA – Esta costuma ser a época mais difícil para se formular decisões. Em vez de tentar agir, é melhor esperar até que a inspiração divina tome o assunto de suas mãos.

LUA EM AQUÁRIO – O desejo de fazer algo diferente, extravagante ou até mesmo chocante, é forte. Resista a esse impulso, atenha-se por algum tempo às regras e relaxe.

1. Lua Crescente Aumentando em Água
Brotos ♦ Instinto

A fina Lua Crescente em Água denota o início de um relacionamento sentimental ou uma situação onde predominam os sentimentos. Uma emoção especial sentida hoje se transformará em algo maior com o passar do tempo. Freqüentemente é neste período que se forma uma nova amizade.

Quando esta carta é a da Lua em curso, selecionada nas Tabelas da Lua, os signos do zodíaco seguintes oferecem uma interpretação adicional.

LUA EM CÂNCER — Este é o signo natural da Lua e, em Câncer, os sentimentos estão com seu potencial máximo. Todavia, eles são também extremamente protetores e as emoções novas deverão ser comparadas às experiências passadas para comprovar se são válidas.

LUA EM ESCORPIÃO — A Lua neste signo é extremamente passional e sentimentalmente propensa a anuir aos impulsos extremos até mesmo na primeira promessa, aos primeiros sinais de romance.

LUA EM PEIXES — Este signo idealiza os sentimentos e é difícil separar a fantasia da realidade. Peixes fará qualquer concessão para permitir que uma emoção cresça.

2. Primeiro Quarto da Lua Crescente em Água
Folhas ♦ Escolha

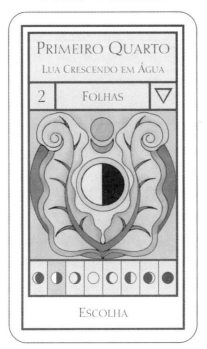

Quando a Lua avança para o Primeiro Quarto em Água, a 90 graus do Sol, sua face está metade escura, metade iluminada e tudo é estável. As emoções podem se encaminhar para qualquer direção e é preciso fazer escolhas. Agora você precisa decidir se irá se dedicar sinceramente a um envolvimento sentimental ou a uma parceria. Existe a promessa de um resultado bem-sucedido.

Quando esta carta é a da Lua em curso, selecionada nas Tabelas da Lua, os signos do zodíaco seguintes oferecem uma interpretação adicional.

LUA EM CÂNCER — Este é um período em que tudo deve ser cuidadosamente comparado e ponderado — uma decisão baseada em uma experiência anterior estará próxima. Existe uma sensação de otimismo.

LUA EM ESCORPIÃO — Uma ânsia poderosa de fazer os assuntos progredirem ao seu modo predomina neste período. Sua capacidade de usar as suas emoções conseguirá persuadir as pessoas e até mesmo encaminhar a situação inexoravelmente para a direção desejada.

LUA EM PEIXES — As decisões têm poderosos sentimentos idealistas e a possibilidade de transformar o que é corriqueiro em fantasia torna-se real.

3. Lua Gibosa Crescendo em Água
Botões ♦ Paixão

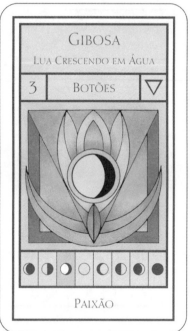

À medida que a luz da Lua aumenta durante esta fase, o resultado do assunto em que você está envolvido se torna mais claro e há uma necessidade compulsiva de concluí-lo da forma desejada. No momento, este assunto se torna uma paixão que a tudo invade.

Quando esta carta é a da Lua em curso, selecionada nas Tabelas da Lua, os signos do zodíaco seguintes oferecem uma interpretação adicional.

LUA EM CÂNCER — Há uma sensação de bem-estar que lhe permite sentir-se em segurança. Você sente uma onda irresistível de emoção que o leva a se comprometer totalmente com o assunto objeto do seu interesse.

LUA EM ESCORPIÃO — A Lua, quando está neste que é o mais apaixonado dos signos, nada pode fazer nesse *momentum* impulsionador dos sentimentos que são engendrados nessa fase. Nada pode interromper a natureza extrema das emoções aqui presentes.

LUA EM PEIXES — A brecha entre a imaginação e a realidade parece mais estreita do que usualmente e você é arrastado na emoção mais importante do momento, impossibilitado de voltar atrás.

4. Lua Cheia em Água
Flor ♦ Desempenho

Este é um período que indica o resultado bem-sucedido de um assunto sentimental. Acontecimentos anteriores tiveram um desenvolvimento positivo na direção esperada. Uma situação emocionalmente segura e satisfatória foi atingida. Você se sente realizado.

Quando esta carta é a da Lua em curso, selecionada nas Tabelas da Lua, os signos do zodíaco seguintes oferecem uma interpretação adicional.

LUA EM CÂNCER — Câncer é o signo regente tradicional da maternidade, e esta fase equivale a trazer ao mundo uma criança saudável. Durante essa fase, você tem uma sensação de alívio, um sentimento de orgulho e uma inclinação para proteger.

LUA EM ESCORPIÃO — Agora que o resultado sentimental desejado foi atingido, a natureza extremada desse signo pode fazer com que você trate o assunto de forma excessivamente dramática ou reticente.

LUA EM PEIXES — Este é um período de euforia. Tudo o que foi visualizado virou realidade. Em assuntos que envolvem relacionamentos, existe o perigo de colocar a pessoa amada num pedestal muito alto.

5. Lua Minguante Diminuindo em Água
Fruto ♦ *Promessa*

Este é um período que indica um proveito sentimental resultante de progressos ocorridos no passado. A colheita já foi feita: é tempo de colher os benefícios. Em um relacionamento isto pode indicar o nascimento de um filho ou então o desenvolvimento proveitoso de uma parceria.

Quando esta carta é a da Lua em curso, selecionada nas Tabelas da Lua, os signos do zodíaco seguintes oferecem uma interpretação adicional.

LUA EM CÂNCER — Ao simbolizar nascimento e paternidade, a Lua em seu signo natural durante esta fase de seu ciclo indica que você está totalmente comprometido com uma decisão sentimental tomada em passado recente.

LUA EM ESCORPIÃO — Neste signo, a fase minguante da Lua se torna intensa e você se devota ao desenvolvimento positivo e continuado do assunto de seu interesse.

LUA EM PEIXES — Este é um período em que você pode se deleitar, dedicando-se devotadamente ao relacionamento sentimental seguro que se desenvolveu.

6. Último Quarto da Lua Minguante em Água
Queda ♦ Manipulação

À medida que a Lua se posiciona em rígida quadratura com o Sol, você atinge uma fase crítica durante a qual suas emoções estão confusas. Você precisa analisar seus sentimentos verdadeiros ante uma situação emocional, antes que possa prosseguir tranqüilamente em sua vida. Você talvez tenha que ser persuasivo para manter os assuntos sob controle.

Quando esta carta é a da Lua em curso, selecionada nas Tabelas da Lua, os signos do zodíaco seguintes proporcionam uma interpretação adicional.

LUA EM CÂNCER — Você suspeita que nem tudo é o que parece ser numa situação atual. Há o desejo de se proteger esperando o pior e uma sensação de que é preciso aceitar o que é inevitável.

LUA EM ESCORPIÃO — Você nutre uma intensa desconfiança pela forma como uma situação sentimental está progredindo. Você exibe a disposição de nada omitir ou proibir à medida que pressiona a situação, visando conseguir uma resposta definitiva.

LUA EM PEIXES – Você sente que está sendo enganado ou que não está recebendo todas as informações que lhe deveriam ser dadas. Você deseja fugir de uma situação que não está atendendo às expectativas.

As Fases da Lua

7. Lua Balsâmica Minguando em Água
Sementes ♦ *Desilusão*

A luz da Lua diminui até formar um fino crescente voltado para a esquerda, à medida que atinge o estágio de "semente" do seu ciclo. Esta é a fase em que você tem que encarar o fato de que uma situação sentimental está chegando ao fim. Embora este seja um período de desilusão, eventualmente algo bom advirá da experiência.

Quando esta carta é a da Lua em curso, selecionada nas Tábuas da Lua, os signos do zodíaco seguintes proporcionam uma interpretação adicional.

LUA EM CÂNCER — Experiências preciosas podem ser extraídas do que restou de uma situação sentimental fracassada, experiências que o ajudarão a agir com mais sabedoria em relacionamentos sentimentais futuros.

LUA EM ESCORPIÃO — Sentimentos intensos são absorvidos em uma situação que está escapando ao seu controle. O desejo natural de Escorpião é a vingança desenfreada, porém você poderá redirecionar esse sentimento para alguma forma de expressão criativa positiva.

LUA EM PEIXES — Sua reação a um colapso emocional final é fugir. As sementes de futuros acontecimentos estão escondidas em uma pletora de fantasias novas e impossíveis.

8. Lua Nova em Água
Adormecida ♦ *Isolamento*

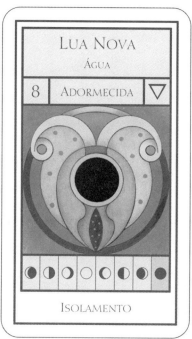

Quando a Lua perde toda a sua luz em um signo de Água, há uma falha na expressão de sentimentos. Você se sente num período de torpor durante o qual não põe à prova os aspectos mais vulneráveis de sua natureza. É um período em que você deverá se tornar mais cônscio de si mesmo, afastando-se das necessidades e preocupações das outras pessoas.

Quando esta carta é a da Lua em curso, selecionada nas Tabelas da Lua, os signos do zodíaco seguintes proporcionam uma interpretação adicional.

LUA EM CÂNCER — Este é um período de ausência de emoções. Você exibe uma atitude cautelosa e suspeitosa ante qualquer aproximação de caráter emocional.

LUA EM ESCORPIÃO — Este é um período pessoal e reservado no qual sentimentos firmemente refreados são dispersos silenciosamente em atividades mais corriqueiras.

LUA EM PEIXES — Este é um período no qual você se parecerá com Alice no País das Maravilhas. Você se permite criar fantasias sobre outras maneiras de viver e outras possibilidades, enquanto evita envolver-se em situações sentimentais intrincadas, porém reais.

AS DEUSAS DA LUA

Eu sou aquela que é a mãe natural de todas as coisas, senhora e regente de todos os elementos, a progênie inicial dos mundos, o maior dos poderes divinos, rainha de todos que estão no Inferno, comandante dos que habitam no Céu, aquela que de todos os deuses e deusas se manifesta sozinha e sob uma forma. Segundo minha vontade, os planetas do céu, os ventos benéficos dos mares e os silêncios lamentáveis do Inferno são ordenados; meu nome e minha divindade são adorados em todo o mundo, de diversas maneiras, em variados costumes e por muitos nomes.

O *Asno de Ouro*, Lucius Apuleius
traduzido por William Adlington, 1566

O Oráculo da Lua

Ishtar
Deusa Branca ♦ *Peixes* ♦ *Água*

FRASE-CHAVE
Seja maleável

AS DEUSAS DA LUA

Ishtar está de pé segurando uma serpente na mão direita e na mão esquerda o seu animal sagrado, o leão. De acordo com a tradição, ela viajava numa carruagem puxada por leões. À sua frente, saindo de um jarro de linhas elegantes, há uma planta que representa a planta transformadora que Gilgamesh foi recuperar no fundo do mar, para tornar os humanos imortais. A serpente enrolada que Ishtar segura na mão foi enviada para atacar Gilgamesh, a fim de evitar que ele conseguisse alcançar a planta transformadora. Em vez disso, a serpente devorou a planta, ganhando a imortalidade para si mesma.

Na imagem que ilustra a carta, o seio de Ishtar está exposto porque, entre seus seguidores, ela era conhecida como "Mãe do seio frutífero". Seu traje é metade o de uma guerreira e a outra metade o de uma sacerdotisa, retratando os dois lados do seu caráter — guerreira e amante. Em volta do pescoço ela usa o colar do poder e da autoridade.

Ao pé da imagem acha-se o símbolo do signo da Água Peixes e o disco lunar da deusa Branca.

O MITO

Ishtar era uma das deusas mais poderosas no panteão assírio, alguns diziam que era a filha de Sin e outros a filha de Anu. Aqueles que a consideravam filha de Sin a respeitavam como uma deusa guerreira e aqueles que a consideravam filha de Anu a respeitavam como deusa do amor.

A Ishtar guerreira sempre se apresentava em uma carruagem puxada por sete leões ferozes, e segurava um arco nas mãos. Era conhecida como "A Senhora das Batalhas". Como a deusa do amor e da volúpia, ela não era mais gentil — demonstrava irritabilidade e violência sempre que seus desejos eram contrariados.

Em sua juventude Ishtar amava Tammuz, o deus da colheita. Dizia-se que seu amor causara-lhe a morte. Consumida pela tristeza, Ishtar desceu ao mundo dos espíritos na esperança de salvar Tammuz. Em cada um dos portões dos sete setores, ela tirou uma peça do seu vestuário. Ao chegar ao mundo dos espíritos, Ishtar foi aprisionada. Durante o tempo em que permaneceu presa, nenhuma criatura procriou na Terra, causando desolação e grande tristeza no céu.

Sin, o pai de Ishtar, pediu a ajuda de Ea para salvá-la e Ereshkigal, rainha do mundo dos espíritos, foi forçada a libertar Ishtar por meio de um encantamento preparado por Ea. Ela foi aspergida com a água da vida e, tendo recolhido suas roupas em cada um dos sete portões, retornou para a liberdade.

SIGNIFICADO DA CARTA

Esta deusa Branca indica que você precisa ser firme e agir de forma positiva para atingir os seus objetivos. Se você escolheu esta carta, precisará lutar por algo que deseja recuperar. Talvez seja necessário despojar-se de tudo simbolicamente, ficando apenas com o essencial — desistir de tudo para travar essa batalha específica e, ainda assim, talvez você necessite pedir ajuda ao final da luta.

O Elemento de Peixes é Água e é a capacidade da água de fluir em torno de qualquer obstáculo ou desgastá-lo que está no centro do significado dessa carta. Se essa carta for selecionada, março será um mês significativo com relação à consulta.

O ORÁCULO DA LUA

ÁRTEMIS
Deusa Branca ♦ *Áries* ♦ *Fogo*

FRASE-CHAVE
Aja com calma, se possível!

Como nas imagens feitas pelos antigos etruscos, a figura de Ártemis a caçadora é aqui representada de pé, alerta, suas asas abertas preparadas para alçar vôo. Irmã de Apolo, deus do Sol, Ártemis partilha os domínios da luz, porém seus domínios são os da luz refletida pela Lua. Seu traje transparente azul pálido representa a luz fria do luar. Os animais que a ladeiam representam os lados opostos do seu caráter. Na mão direita ela segura uma leoa, simbolizando a parte de sua natureza de caçadora — cruel, vingativa, à procura de prazeres e competitiva. Na mão esquerda ela segura um cervo, simbolizando a parte de sua natureza que é rápida, determinada, mas que inevitavelmente é sempre a vítima. Ela traz nos pulsos as tiras protetoras dos arqueiros e, em torno da cintura, traz amarrado o cinto usado pelas virgens.

Ao pé da imagem acha-se o símbolo do signo de Fogo de Áries e o disco lunar da deusa Branca.

O MITO

De acordo com a tradição, Ártemis era a protetora das moças jovens, a caçadora virgem, senhora de todas as criaturas selvagens e, como muitas das suas deusas irmãs, tinha um temperamento que passava de cruel e vingativo a gentil e gracioso. Ela nasceu um dia depois de seu irmão gêmeo Apolo e, como ele, era uma divindade de morte súbita. Ela escolheu a Arcádia como o lugar que habitaria e, nessa região montanhosa, foi acompanhada pela sua matilha de cães de caça e por numerosas oceânidas e ninfas. Era perigoso olhar para ela e Acteon foi morto pelos seus próprios cães de caça após deparar inocentemente com ela enquanto ela e suas virgens se banhavam em uma lagoa.

O único homem que atraiu o olhar de Ártemis foi Órion, porém o relacionamento não estava destinado a frutificar. Apolo desafiou a habilidade da irmã em usar o arco. O alvo — um pequeno objeto distante no mar que o olho infalível de Ártemis não falhou em acertar — era o vigoroso nadador Órion: Ártemis o atingiu, atravessando-lhe a cabeça. Outra versão menos acidental da morte de Órion é a de que ele inadvertidamente tocou em Ártemis quando a acompanhava numa caçada. Pela afronta cometida, ela ordenou a um escorpião que o matasse com uma ferroada.

Em contraste com a sua devoção à vida livre, vibrante e algumas vezes cruel, de caça e de perseguição, Ártemis dava-se o luxo de diversões mais suaves. Como Apolo, apreciava a música e, deixando o arco na porta do palácio de seu irmão, em Delfos, ela, vestida graciosamente, se juntava freqüentemente ao coro de musas e graças.

SIGNIFICADO DA CARTA

Essa deusa adverte-o de que a sua impetuosidade e inteligência podem destruir exatamente as coisas que você deseja. Embora haja a tentação de ser competitivo, você deverá tentar não se envolver em ações ousadas e em comportamento ameaçador. Em vez disso, essa carta pede uma abordagem mais fria, mais sofisticada do assunto em questão. Como uma deusa Branca, Ártemis requer uma solução criativa para a consulta.

A natureza de Fogo em Áries é naturalmente temperamental e impaciente. É preciso ser cuidadoso para não falhar. Se essa carta for escolhida, o mês de abril será um mês significativo com relação à consulta.

O ORÁCULO DA LUA

VÊNUS
Deusa Branca ♦ *Touro* ♦ *Terra*

FRASE-CHAVE
Um pouco do que você imagina lhe faz bem!

Esta deusa está sentada num trono sustentado por um cisne magnífico. De acordo com a tradição, Vênus viajava pelo céu numa carruagem puxada por seis cisnes. Seu cabelo esvoaça para a frente, ondulante como a espuma borbulhante do oceano do qual se diz que ela nasceu. Seu vestido é da cor das grutas de coral do fundo do oceano, onde as ninfas completaram sua educação.

Na mão esquerda, ela ergue para o alto o espelho de Vênus, o símbolo universal que veio a representar o sexo feminino, no sentido botânico e zoológico. Esse símbolo é também o hieróglifo astrológico do planeta Vênus, a estrela matutina e vespertina. Ela segura diante de si, na mão direita, um bastão encimado pela frutífera flor de lótus. A flor entreaberta é vermelha, a cor atribuída ao seu amante Marte.

Ao pé da imagem acha-se o símbolo do signo de Terra de Touro e o disco lunar da deusa Branca.

O MITO

Vênus era a deusa romana do amor, da beleza, do casamento e do riso. Geralmente tida como filha de Júpiter e Dione, dizia-se também que ela havia nascido da espuma do oceano, do qual foi carregada pelo vento oeste para a costa de Chipre. Conforme essa crença, Horae a descobriu lá e a levou para mostrar-lhe os deuses a quem ela cativou com sua incrível beleza. Ela tinha muitos nomes. Como Vênus Genetrix, era respeitada como a mãe do herói Enéias, o fundador do povo romano. Sob o nome de Vênus Felix, ela era conhecida como aquela que traz boa sorte e, como Vênus Victrix, aquela que traz a vitória.

Ela era esposa de Vulcano, o deus feio do fogo vulcânico e da metalurgia, mas não era particularmente fiel a ele. Ela teve muitos amantes, os mais importantes foram Marte, Mercúrio e o belo pastor Adonis, e se envolveu em encontros amorosos secretos, em nome do amor.

Seu romance com o impetuoso Marte se consumou sob a proteção do guarda de Marte, Alectryon, que, não obstante, falhou em certa ocasião no cumprimento do seu dever, deixando que Apolo descobrisse os amantes. Seu encontro amoroso foi exposto ao ridículo e à desaprovação de todos os outros deuses e deusas. A união de Marte e Vênus gerou prole numerosa, notadamente um filho chamado Cupido e uma filha chamada Harmonia.

SIGNIFICADO DA CARTA

Esta deusa representa o amor em todas as suas formas, do amor puro e idealista ao desejo lúbrico. Ela denota um amor ao prazer e às coisas boas da vida e o uso intencional do charme pessoal ou da sedução para obtê-los. Ela adverte que você terá que pagar o preço por essa condescendência consigo mesmo, porém, se estiver preparado para isso, que assim seja.

De uma maneira geral, Vênus é uma deusa generosa que sugere um resultado bom e frutífero para a consulta. Como uma deusa Branca, ela traz uma abordagem forte, juvenil e criativa para a situação.

A natureza de Terra em Touro é, acima de tudo, sensual e apreciadora do bem-estar, com uma tendência a agir vagarosamente e confiantemente por meios familiares. Se a carta dessa deusa for escolhida, maio será um mês significativo com relação à consulta.

O ORÁCULO DA LUA

ATENA
Deusa Branca ♦ *Gêmeos* ♦ *Ar*

FRASE-CHAVE
Muitas atividades envolvidas

AS DEUSAS DA LUA

Elmo à cabeça, uma pele de animal selvagem sobre os ombros, a figura magra e atlética de Atena carrega a lança e o escudo de um guerreiro. Na cintura, traz a fivela que lhe foi dada por seu pai, Zeus. A postura da deusa da guerra é antes defensiva do que agressiva. Dando um passo à frente, com a perna protegida pela couraça, ela olha para trás para a aljava cheia de setas. Em torno do pulso, traz uma serpente enrodilhada. No escudo que ergue para se defender, vê-se a imagem de quatro cavalos alados. Atena era venerada como a deusa dos cavalos e do gado.

Ao pé da imagem, acha-se o símbolo do signo de Ar, Gêmeos, e o disco lunar da deusa Branca.

O MITO

Atena era uma das deusas mais veneradas do panteão grego. Na mitologia romana, era conhecida como Palas Atena. Atena brotou adulta, com sua armadura, da testa de seu pai, o deus Zeus, e era sua filha favorita. Ele lhe deu o escudo, a fivela e sua arma principal, o raio. Deusa virgem, era também chamada Parthenos (virgem solteira).

Como deusa guerreira, ela se deleitava com a batalha e tomou parte na guerra contra os gigantes. Ela não apenas apoiou os gregos na guerra de Tróia como também se juntou fisicamente a eles em sua luta – uma visão atemorizante montada na carruagem de Diomedes. Ela também protegia os heróis que julgava dignos de sua estima. Ajudou Hércules quando ele estava envolvido nas doze tarefas, ajudou Perseu na luta com a terrível Górgona e protegeu Odisseu na viagem de volta de Tróia.

O templo mais importante devotado a ela era o Parthenon, em Atenas, que dizem ter sido erigido em sua honra por ter presenteado a oliveira aos atenienses. Atena protegia tanto as cidades como os cidadãos. Ela era a deusa da arquitetura, da indústria e das artes, e, na mitologia mais recente, da sabedoria – seu símbolo era a coruja.

Atena era também a protetora das artes da agricultura e do artesanato a que se dedicavam as mulheres, especialmente a fiação e a tapeçaria. Sua habilidade em fiar foi desafiada por Aracne, que teceu uma tapeçaria belíssima, retratando a vida e os amores dos deuses. Zangada, Atena a transformou numa aranha condenada a fiar eternamente.

Entre suas muitas dádivas à humanidade, figuram o arado, a flauta, a roda de olaria e a arte de domar animais selvagens, de construir navios e de fabricar calçados.

SIGNIFICADO DA CARTA

Esta deusa revela que o consulente é rico em talentos e dotes herdados. Esses dotes podem ser usados em seu próprio aperfeiçoamento ou em benefício de outros. Atena sugere que cuidar apenas dos próprios interesses pode não ser o caminho para atingir o resultado desejado. Talvez se suas habilidades forem aplicadas a serviço de outras pessoas, será possível atender aos seus desejos de uma forma mais positiva e satisfatória. A última das jovens deusas Brancas vê cada problema como uma oportunidade para pensar de forma criativa.

A natureza de Ar em Gêmeos é versátil e tolerante. Existe o perigo de ter uma atitude muito diferente para a situação atual. Se a carta dessa deusa for escolhida, junho será um mês significativo em relação à consulta.

O Oráculo da Lua

Hera
Deusa Vermelha ♦ Câncer ♦ Água

FRASE-CHAVE
Não há necessidade de perturbar a ordem

As Deusas da Lua

Sentada em seu trono celestial dourado está Hera, "deusa do céu" e esposa do mais poderoso habitante do Olimpo, Zeus; a postura de Hera é de suprema dignidade. Na sua cabeça está pousada a coroa real encimada pelas aves sagradas, os pavões. Na mão esquerda segura a romã — suas sementes abundantes são o símbolo da vida e da maternidade. Na mão direita ela segura o bordão da autoridade em cujo topo acha-se o crescente da Lua como um cálice sob a esfera do Sol. Um cuco está pousado no topo do bastão. Representa o deus Zeus disfarçado, como da primeira vez em que apareceu diante de Hera.

Ao pé da imagem acha-se o símbolo do signo de Água de Câncer e o disco lunar da deusa Vermelha.

O MITO

O reinado de Hera com o exuberante Zeus era uma contínua discussão doméstica com trovoadas celestiais, já que os utensílios de barro voavam sem cessar pela sala de estar divina. Usualmente representada como uma nobre e modesta matrona, a coroa define o seu papel como a rainha respeitada do panteão. Os templos onde ela era venerada eram mais freqüentemente construídos no topo das montanhas mais altas, a fim de estar o mais próximo possível de sua sublime presença.

Zeus primeiramente apareceu diante de Hera disfarçado de cuco. Era inverno e Hera se apiedou do cuco ensopado e enregelado com que deparou. Apanhou a ave cuidadosamente e a colocou junto ao seio para agasalhá-la. Imediatamente, o cuco reassumiu sua forma normal e ela se viu lutando pela sua honra com um Zeus extremamente amoroso. A união somente foi consumada quando ele prometeu casar-se com ela.

Deusa das mulheres, do casamento e da maternidade, Hera representa o modelo mais idealizado de esposa. Ela e Zeus tiveram quatro filhos – Ares, Hephaestus, Ilythia e Hebe – e ela permaneceu como esposa constante e fiel, apesar das infidelidades do seu indisciplinado marido.

Corroída pelos ciúmes, ela tentou controlá-lo e fracassou. Zeus a castigava severamente, espancando-a ou amarrando-a e fazendo com que pendesse do céu, sempre que ela tentava se revoltar. Ela tentou imitar sua capacidade de gerar filhos desprotegidos, como Atena, porém somente conseguiu gerar Tufão, uma besta monstruosa. Finalmente, ela se tornou submissa, dirigindo sua cólera pelo mau comportamento de Zeus às muitas mulheres com quem ele namorava e aos filhos de suas rivais. Sua vingança usualmente causava a morte, o sofrimento, a prisão ou o exílio. Tais ações, todavia, não detinham Zeus e ele continuava a perseguir outras mulheres.

SIGNIFICADO DA CARTA

Esta deusa representa a maturidade e a dignidade. Ela tem respeito pela sua posição e o poder de mantê-la e, ao mesmo tempo, conserva o respeito que os outros lhe têm. Ela indica que, embora você não aprove necessariamente alguma situação, deixar que ela siga seu curso pode, algumas vezes, ser a melhor resposta. A primeira das deusas Vermelhas, Hera representa a atitude mais madura, sustentável e conservadora de lidar com a vida.

A natureza de Água em Câncer é a de cuidar e alimentar aqueles que são considerados "família", não importa o quanto sejam instáveis e rebeldes. Este é o mais maternal de todos os signos. Se esta carta for escolhida, julho será um mês significativo em relação à consulta.

O Oráculo da Lua

ÍSIS
Deusa Vermelha ♦ *Leão* ♦ *Fogo*

FRASE-CHAVE
A honestidade e a integridade recebem a recompensa que merecem

AS DEUSAS DA LUA

A figura serena de Ísis, a maior de todas as divindades egípcias, irmã e esposa de Osíris e mãe de Horus, está sentada em seu trono. Ela tem sobre a cabeça o adorno do abutre, provido de asas, sobre o qual se assenta o símbolo do disco solar entre os chifres da vaca sagrada, Hathor. Na mão esquerda ela segura o símbolo da vida eterna. Com a mão direita ela segura um lótus florido. Seu seio está desnudo – a imagem da maternidade. O padrão enxadrezado do seu trono representa seu poder supremo sobre a noite e o dia, a escuridão e a luz, a vida e a morte. Atrás dela vê-se a figura do hieróglifo Ast, assinalando o assento da deusa Ísis.

Ao pé da imagem acha-se o símbolo do signo de Fogo de Leão e o disco lunar da deusa Vermelha.

O MITO

Ísis era filha de Geb e Nut, divindades da Terra e do céu. Quando seu marido e irmão Osíris tornou-se rei do Egito, ela assumiu o papel de mestra dos seus súditos. Ela os ensinou a tecer e a fiar, a moer trigo e a praticar a medicina simples. Ela introduziu o conceito do casamento para regularizar o relacionamento entre homens e mulheres. Durante as viagens do seu marido para terras longínquas a fim de civilizar outras nações, ela assumia o posto de regente, governando sabiamente e com grande cautela.

Quando Osíris foi assassinado por seu astuto irmão Set, Ísis, consumida de tristeza, partiu imediatamente para procurar o cadáver. Finalmente ela encontrou o caixão contendo o corpo, dentro do tronco de um tamarisco, e levou-o para os pântanos de Buto, onde o escondeu. No entanto, Set encontrou o corpo e cortou-o em quatorze pedaços.

O deus Thoth deu a Ísis palavras de grande poder e assim, quando encontrou o corpo esquartejado do marido, ela foi capaz de lhe devolver a vida e foi unida a ele. Como resultado desse enlace, ela concebeu e posteriormente deu à luz o filho Horus. Ela fugiu para esconder-se com seu filho, desviando-se de todos os perigos com seus poderes mágicos. Ela permaneceu escondida até que seu filho atingiu idade suficiente para assumir seu lugar de direito como soberano do Egito.

Ísis tinha grandes poderes mágicos e foi a única divindade que descobriu o nome secreto de Ra. Ísis possuía qualidades raras entre as deusas universais, pois era positiva, modesta, ativa, amorosa, fiel, civilizada e sensível.

SIGNIFICADO DA CARTA

A deusa Ísis podia agir igualmente bem tanto nas funções tradicionalmente masculinas como nas femininas. Ela orgulhava-se de todos a quem estimava e os protegia, não hesitando em ir até o fim do mundo para assegurar o bem-estar deles. Ela é um exemplo de fidelidade e de poder, de modéstia e sensibilidade.

Se a carta dessa deusa for escolhida, será necessário agir com honestidade, sem impor-se, em silêncio e com determinação para conseguir obter o resultado desejado. Ísis é uma deusa Vermelha e representa a dignidade e a autoridade de um dirigente. Ela o induz a assumir responsabilidades e indica o caminho para a solução relativa ao assunto em questão.

A natureza de Fogo em Leão assume o comando e faz justiça com equanimidade. Se a carta da deusa Ísis for escolhida, agosto será um mês significativo com relação à consulta.

O Oráculo da Lua

Deméter
Deusa Vermelha ♦ *Virgem* ♦ *Terra*

FRASE-CHAVE
Um pássaro na mão ...

As Deusas da Lua

A figura maternal da deusa Deméter é apresentada de pé, em atitude de súplica, com os braços erguidos para o céu. Seu manto nas cores vermelha e verde copia as cores do fogo e da terra. Seu cabelo, entrelaçado com milho, desce em cachos circundando seu corpo voluptuoso. Em torno da cintura ela traz o cinto da maternidade que também combina as cores do fogo e da terra. Da terra, a seus pés, crescem milho e papoulas, ambas as plantas associadas a ela. As ondas e gotas de água embaixo recordam o seu banho no rio Ladon, depois de ter sido violentada pelo deus do mar Poseidon, disfarçado de garanhão.

Ao pé da imagem acha-se o símbolo do signo de Terra de Virgem e o disco lunar da deusa Vermelha.

O MITO

Deméter era uma das antigas deusas populares e simboliza a mãe eterna. Sua filha amada Perséfone foi raptada pelo deus do mundo dos mortos, Hades. Deméter, angustiada, partiu imediatamente à procura de sua cria.

Enquanto viajava ela encontrou o luxurioso Poseidon. Desgostosa com suas investidas amorosas, Deméter transformou-se em égua e escondeu-se entre os cavalos que pastavam, na manada que pertencia ao Rei Oncus. Poseidon, que não se deixaria desviar assim do seu propósito, transformou-se em garanhão, seguiu-a na manada e conseguiu realizar seu apaixonado intento. Deméter ficou furiosa e livrou-se de seu ódio intenso, lavando-o no rio Ladon. Posteriormente, Deméter deu à luz um garanhão com uma crina negra e a uma estranha menina cujo nome não deveria ser mencionado a ninguém senão aos Mistérios. Ela deveria ser chamada de Cora, "a menina".

Enquanto Deméter prosseguia, com grande tristeza, na procura de sua filha Perséfone, houve grande fome na Terra — nada se colhia e toda a vida vegetal havia perecido. Para evitar o desastre, Zeus enviou Hermes para libertar Perséfone, porém o astuto Hades alimentou-a com sementes de romã antes que ela deixasse o mundo dos mortos, tornando permanente o seu casamento com ele. Zeus renegociou e finalmente foi feito um acordo pelo qual a filha de Deméter viveria com Hades somente durante um terço de cada ano. Deméter deu a dádiva do milho em agradecimento àqueles que a ajudaram.

SIGNIFICADO DA CARTA

Esta deusa simboliza a perda de algo muito querido ou importante para você. Embora, ao final, o que foi perdido será recuperado isto será conseguido de maneira condicional e não exatamente da maneira que você esperava. Com relação à consulta, existe algum estratagema envolvido e você talvez tenha que fazer alguma concessão. Alguém se aproveitará de sua vulnerabilidade.

A terceira das deusas Vermelhas, Deméter, representa maturidade e preservação, através de uma abordagem sistemática que visa à perfeição. A natureza de Terra em Virgem é a de assegurar que as necessidades de todos sejam satisfeitas, de forma que as coisas possam voltar à normalidade para todos os envolvidos.

Se a carta de Deméter for selecionada, setembro será um mês significativo em relação à consulta.

O ORÁCULO DA LUA

GAIA
Deusa Vermelha ♦ *Libra* ♦ *Ar*

FRASE-CHAVE
Procure pelo ponto vulnerável

AS DEUSAS DA LUA

A deusa da terra, Gaia, fonte e sustento de todas as formas de vida, está de pé, em atitude tanto feminina quanto poderosa. Mãe universal, a mais antiga de todas as divindades, ela segura na mão direita um galho de lótus. A flor de lótus aberta e fechada simboliza a vida em sua essência eternamente renovável. O galho é encimado por uma Lua crescente, sobre a qual flutua, sem qualquer apoio, uma esfera de cristal puro, que significa o grande talento de Gaia de profetizar o destino da humanidade no oráculo de Delfos. Da terra brota uma planta nova que se enrola e entrança seus cabelos.

Ao pé da imagem acha-se o símbolo do signo de Ar de Libra e o disco lunar da deusa Vermelha.

O MITO

Gaia, a mãe-terra, existia antes do começo dos tempos e pariu o tempo. Depois que o Universo foi criado, restava a tarefa de povoá-lo. Gaia uniu-se então ao seu filho Urano para dar à luz a primeira geração de deuses – os doze Titãs, seis do sexo feminino e seis do sexo masculino. A seguir criaram as Cíclopes, com um só olho, e finalmente ela gerou três monstros que eram conhecidos como os Hecatônquiros. Esses eram horríveis criaturas com cinqüenta cabeças, de cujos ombros brotavam cinqüenta pares de braços. Urano ficou tão horrorizado quando os viu nascer que imediatamente os aprisionou nas profundezas da Terra.

A princípio Gaia chorou a perda dos Hecatônquiros e depois se encolerizou contra seu marido. Ela tramou com seu filho mais novo Titã, Cronus, para mutilar Urano enquanto este dormia. Ele cortou os genitais de seu pai com uma pequena foice e atirou-os ao mar. Da ferida de Urano gotas de sangue negro caíram na terra. Do local onde as gotas caíram, brotaram as Fúrias, gigantes monstruosas e também as ninfas dos freixos, as Melíades. Afrodite nasceu da espuma branca que se formou no mar, proveniente dos detritos que afloraram à superfície.

Quando os outros deuses assumiram a supremacia no Olimpo, Gaia ainda retinha seu poder e era respeitada pelos outros deuses e deusas. Gaia presidia os casamentos, cuidava dos doentes e era o mais proeminente dos oráculos no grande centro divinatório em Delfos. Em Delfos, a terra emitia um sopro estranho que dava aos homens a capacidade de profetizar. Ela era conhecida como Gaia, mãe universal, que abençoava os homens com belos filhos e com todos os frutos deliciosos da terra.

SIGNIFICADO DA CARTA

Selecionar a carta da deusa Gaia revela que você irá a extremos para proteger aquilo que considera precioso. Ela mostra que alguma coisa que você produziu é inaceitável para as outras pessoas e talvez você tenha que tomar medidas drásticas a fim de proteger o que tiver criado. Eventualmente, graças à natureza extrema de sua reação, algum bem advirá. Gaia é a última das deusas Vermelhas e, em seu papel de protetora, procura examinar ambos os lados de uma situação antes de agir energicamente.

A natureza de Ar em Libra é a de avaliar os prós e contras de cada situação a fim de certificar-se que a decisão final é a decisão correta a ser tomada.

Se a carta escolhida for a de Gaia, outubro será um mês significativo com relação à consulta.

O Oráculo da Lua

LILITH
Deusa Negra ♦ *Escorpião* ♦ *Água*

FRASE-CHAVE
Assuma o comando!

AS DEUSAS DA LUA

A figura tradicionalmente alada de Lilith está de pé, com as mãos erguidas, cada uma segurando um anel e uma haste da autoridade real da Suméria, região da Babilônia. Ela é uma criatura híbrida, parte mulher, parte pássaro, seu corpo nu e sensual contrasta com as poderosas garras em seus pés. Ela é vigiada pela ave da sabedoria — sua filha, a coruja. Uma serpente, o símbolo tradicional da vida, da morte e da transformação, enrola-se a seus pés. A serpente é a própria Lilith, como era em seu papel de tentação, no jardim do Éden. Ela está emoldurada pela Lua Nova a qual representa. De seu cabelo nasce a frutífera árvore da vida e a queda do homem. A espada ao seu lado representa sacrifício e extermínio. A esfera flamejante no punho da espada sugere purificação e evolução espiritual.

Aos pés da imagem acha-se o símbolo do signo de Água de Escorpião e o disco lunar da deusa Negra.

O MITO

O caráter de Lilith é cheio de contradições, entrelaçado por variadas lendas e tradições. De acordo com as escrituras judaicas, ela foi criada juntamente com Adão. Recusando-se a concordar com a exigência de Adão de submeter-se a ele, ela fugiu usando o Impronunciável Nome de Deus. Adão queixou-se a Deus de sua solidão, que então criou Eva, seguindo-se a "queda" e a expulsão do Éden.

Adão culpou Eva pela sua queda, separou-se dela e por algum tempo voltou a unir-se a Lilith, antes de retornar finalmente para Eva. Nesse intervalo, Lilith deu a Adão vários filhos, que se tornaram demônios. Após a reconciliação de Adão e Eva, Lilith tornou-se rainha dos demônios; em algumas versões, ela é a esposa de Samael, em outras ela permanece só. Como rainha dos demônios, dizia-se que ela matava os bebês em seus berços em seus primeiros dias de vida.

Despida de sua capa de misticismo medieval e demonologia, Lilith surge como o primeiro espírito feminino independente. A imagem da mulher rebelde exigindo igualdade era bastante constrangedora para a antiga sociedade dominada pelos homens e, portanto, eles procuraram submergi-la nas profundezas da demonolatria, como o arquétipo da "mulher má". Somente agora a imagem de Lilith pode ser revelada sob nova luz como a primeira mulher, igual ao homem e como um espírito livre, independente e criativo.

SIGNIFICADO DA CARTA

Quando a carta da deusa Negra Lilith é escolhida, você deve tomar providências enérgicas para sobreviver corajosamente a todos os contratempos. Os acontecimentos e as pessoas podem estar, no momento, criando uma imagem ruim de você, mas isso deve ser ignorado. Você precisará estar preparado para ir às últimas conseqüências para atingir o objetivo colimado: você não pode esperar mais. Mudanças são inevitáveis, e o que já não é útil deve ser rejeitado. Tudo precisa ser reavaliado para determinar seu valor.

Lilith é a primeira das deusas Negras e, em sua função de morte e renascimento, procura limpar as inutilidades acumuladas na vida para abrir espaço para o nascimento do que é novo. A natureza limpadora de Água no signo intenso de Escorpião é a de procurar um desafio à altura do seu poder.

Se a carta da deusa Lilith for escolhida, novembro será um mês auspicioso para a consulta.

O ORÁCULO DA LUA

KALI
Deusa Negra ♦ *Sagitário* ♦ *Fogo*

FRASE-CHAVE
Se você lutar contra isto, terá de pagar o preço

AS DEUSAS DA LUA

Kali, a "mãe negra", deusa hindu da natureza, a mulher ogra do grande deus Siva, está de pé, equilibrada sobre um dos pés. Seu rosto é severo e pode-se ver uma gota de sangue entre suas sobrancelhas negras. Ela dança a dança estática da vitória, que faz a Terra tremer. Ela tem quatro braços, dois emergindo de cada ombro. Segura em uma das mãos um cálice, que significa que ela está bebendo o sangue do demônio Raktavaji. Com a outra mão ela segura uma faca e com as outras duas as cabeças decepadas de dois gigantes, suas vítimas. O adorno que traz na cabeça é decorado com mais cabeças e serpentes. Ela é uma figura atemorizante e sua pele azul contrasta com o céu vermelho da cor de sangue, atrás de si.

Ao pé da imagem, acha-se o símbolo do signo de Fogo de Sagitário e o disco lunar da deusa Negra.

O MITO

Kali Ma é apenas uma das muitas personagens que representam a esposa de Siva. Essa deusa assume muitos aspectos em seu trabalho de destruir os demônios que desafiaram os deuses. Com o nome de Parvati ela foi vista como uma bela jovem que falava com seu esposo, sobre o amor e os sublimes assuntos metafísicos. Como a horrível Kali ela lutou contra o comandante do exército dos demônios, Raktavaji. Ela o atingiu muitas vezes com suas armas poderosas, porém, cada gota de seu sangue que caía na terra, gerava mil gigantes poderosos. Para interromper a criação desses gigantes, Kali foi forçada a beber cada gota do sangue de Raktavaji até que o comandante dos demônios foi completamente· vencido. Ao conseguir derrotar seu adversário, ela ficou tão exultante que se pôs a dançar entusiasticamente uma dança expressando a sua

alegria, o que fez toda a Terra tremer. Os outros deuses pediram ao seu marido que a fizesse parar, porém ela estava tão enlouquecida com o sangue e com a excitação que pisoteou Siva até a morte. Ela ficou angustiada quando descobriu o resultado da sua loucura.

Apesar do horror que sua aparência causava, ela era venerada e até parecia atraente para seus seguidores. Ela representa tanto a energia criativa como a destrutiva. O culto a Kali é ligado às práticas do Tantrismo que procuram controlar nossa natureza sexual.

SIGNIFICADO DA CARTA

Escolher a carta da deusa Kali indica que, seja o que for que estiver se opondo à realização dos seus planos, você precisa adotar um procedimento implacável se deseja obter algum sucesso. É necessário agir sem inibição e você não poderá se deixar demover da concretização dos seus planos. Todavia, é importante se conscientizar que, se você exultar com a derrota do seu oponente, então algo que você valoriza estará perdido. Como acontece com todas as deusas Negras, você não encontrará uma solução da qual sairá ileso. Freqüentemente, quando surge a deusa Kali em uma leitura, a velha resposta astrológica para uma má posição da Lua em questões de horário — "nada de bom advirá disto" — será aplicável. Kali é a mais drástica das deusas Negras e, em sua função de morte e renascimento, procura destruir tudo que se considera uma ameaça à sobrevivência.

A característica de ousadia e insensibilidade de Fogo em Sagitário procura a verdade final, não importa como ou onde ela será encontrada. Se a carta de Kali for escolhida, dezembro será um mês auspicioso em relação à consulta.

O Oráculo da Lua

Hécate
Deusa Negra ♦ *Capricórnio* ♦ *Terra*

FRASE-CHAVE
Viva no presente

AS DEUSAS DA LUA

A deusa Hécate está de pé, com os braços erguidos. As moedas em suas mãos representam sua capacidade de conceder riquezas, bem como mágica e sabedoria. Sobre a cabeça traz um adorno formado por três fases da Lua: Crescente, Cheia e Minguante. Ela é tradicionalmente representada com três rostos: o arquétipo da deusa tríade: a virgem, a mãe e a idosa. A Lua Nova atrás dela representa a noite em que ela reinou como rainha e as cavernas do mundo dos mortos onde ela exercia considerável autoridade. Sua imagem é ladeada por cães da grande matilha que era seu séquito para onde quer que fosse. O cão era seu animal sagrado. No passado, Hécate era conhecida como "o cão da Lua" e era associada à estrela do Cão, Sirius.

Ao pé da imagem acha-se o símbolo do signo de Terra, Capricórnio, e o disco lunar da deusa Negra.

O MITO

Embora fosse uma deusa da Lua, Hécate era considerada uma das divindades mais importantes do mundo dos mortos. Ela era tão poderosa no céu como na Terra e, quando estava de bom humor, concedia aos homens riquezas, sabedoria e vitórias. Antigas referências a descreviam como filha de Nyx, ou Noite da Antiguidade, porém mais tarde foi identificada como a filha de Zeus e de Hera.

Hécate roubou um pote de ruge de sua mãe para dá-lo a Europa. Para escapar da ira de sua mãe, ela fugiu para a Terra, refugiando-se em casa de uma mulher que acabara de dar à luz. Embora seja protetora das parteiras, dizia-se que, por causa desse contato, ela ficara impura. Para limpá-la, Cabiri levou-a ao mundo dos mortos e a mergulhou no rio Aqueronte e, desde então, ela permaneceu no mundo dos mortos. Ela viajava com sua matilha de cães sagrados e era usualmente encontrada pelos mortais em seus lugares favoritos – as encruzilhadas.

Devido ao seu amor pelos lugares remotos e escuros, ela era invocada como "A Distante", protetora dos viajantes nesses locais inóspitos. Simbolicamente, ela era representada com três rostos, para indicar sua habilidade em adivinhar e compreender os mistérios das seguintes trindades: passado, presente e futuro; nascimento, vida e morte; céu, Terra e mundo dos mortos; virgem, esposa e viúva.

SIGNIFICADO DA CARTA

Hécate tem o poder de olhar para três direções ao mesmo tempo. Quando essa carta é escolhida, ela sugere que alguma coisa o está prendendo ao passado, o que torna difícil fruir inteiramente o presente e se preparar de forma positiva para o futuro. O passado precisa ser revisto, revivido e então afastado definitivamente e se deverá varrer simbolicamente para longe toda a sua influência. Tudo o que for descoberto como resultado permanecerá oculto para todos, exceto para você. Hécate lhe diz que você não pode mudar o passado, em vez disso você precisa viver e fazer tudo que puder no presente — o futuro então cuidará de si mesmo. Uma deusa Negra, da morte e do renascimento, Hécate exige que você regularize suas prioridades.

A natureza sistemática de Terra no signo autoritário de Capricórnio procura estabelecer a ordem onde existe confusão. Se a carta da deusa Hécate for escolhida, janeiro será um mês importante em relação à consulta.

O Oráculo da Lua

FREYA
Deusa Negra ♦ *Aquário* ♦ *Ar*

FRASE-CHAVE
Você terá de beijar alguns sapos até encontrar o seu príncipe

AS DEUSAS DA LUA

A figura repousante da bela deusa Celta, Freya, ajoelha-se em meio ao capim alto. Seu cabelo está entrelaçado com folhas novas que, magicamente, se transformam numa capa de penas, o que torna a deusa capaz de voar pelos seus domínios, na Terra e no céu. Em torno de seu pescoço traz o colar de ouro e pedras preciosas dos anões. Sobre o quadril traz uma adaga, simbolizando sua dupla natureza de deusa guerreira e de deusa do amor.

Aos pés da imagem acha-se o símbolo do signo de Ar de Aquário e o disco lunar da deusa Negra.

O MITO

Na mitologia escandinava, a aurora está associada à bela deusa Freya. Ela era a deusa do sexo e da fertilidade e também da guerra e da riqueza material. Ela era a filha do deus do mar Njord, e a irmã mais nova de Frey. Era mulher de Od, ou Odin, e com ele teve duas filhas chamadas Hnoss e Gersemi.

Freya vivia no suntuoso palácio de Folkvang. Sempre que partia com Odin para os campos de batalha, ao retornar lhe era permitido trazer consigo a metade dos guerreiros mortos. A metade restante dos heróis assassinados pertencia de direito a Odin, que os levava para Valhalla. Aqueles escolhidos por Freya seriam recebidos em seu palácio. Comandante suprema das Valquírias, Freya às vezes servia cerveja aos guerreiros de Odin.

Freya era possuidora do precioso colar dos Brisings. Em uma oficina construída em uma gruta junto ao seu palácio, viviam quatro anões famosos pela qualidade do seu trabalho artesanal com metais. Quando ela visitou a oficina certo dia, viu o mais belo colar de ouro e pedras preciosas que os anões tinham feito e ofereceu-se para comprá-lo. Eles riram de sua oferta, porém disseram que ela poderia ficar com o colar se, em troca, se deitasse com cada um deles. Ela cobiçou tanto a jóia que concordou com o preço a ser pago e, assim, tornou-se dona do colar. Posteriormente o colar foi roubado por Loki. Quando ela se queixou a Odin, ele a repreendeu e lhe disse que, para recuperar o colar, ela precisaria provocar uma guerra entre dois reis e sustentá-la ressuscitando os heróis mortos no campo de batalha ao fim de cada dia. Ela assim fez e conseguiu recuperar o colar.

Dizia-se que ela possuía uma capa mágica feita de penas que podia usar para voar entre os dois diferentes mundos. Sua carruagem era puxada por gatos. Ela possuía talento para a feitiçaria e, quando chegou a Asgard, ensinou aos deuses como usar os encantamentos e as poções.

SIGNIFICADO DA CARTA

Assim como essa deusa estava preparada para vender a si mesma para conseguir o que queria, se selecionar esta carta você estará com a mesma disposição. Freya também pode simbolizar a necessidade de fazer concessões para alcançar o resultado desejado. Freya era uma deusa materialista e o prazer que sentia com os objetos do seu desejo sobrepujava em muito aquilo que lhe custava fazer para obtê-los. Freya é a última das deusas Negras e, no desempenho de sua função de morte e de renascimento, procura derrubar idéias ultrapassadas em favor de pensamentos inovadores.

A maneira de resolver problemas de forma não-tradicional, característica de Ar no signo excêntrico de Aquário, indica o uso de criatividade e inteligência para obter o resultado desejado. Se a carta de Freya for escolhida, fevereiro será um mês importante em relação à consulta.

As Casas da Lua

E, vendo que a Lua mede todo o espaço do zodíaco no período
de vinte e oito dias, conseqüentemente os homens sábios
entre os indianos e a maioria dos antigos astrólogos deram
vinte e oito casas à Lua. E nessas vinte e oito casas jazem ocultos
muitos segredos da sabedoria da antiguidade, pelos quais eles elaboraram
maravilhas sobre todas as coisas que se acham sob o ciclo da Lua;
e eles atribuíram a cada casa suas semelhanças, imagens e brasões e
suas inteligências controladoras e trabalharam por causa delas de
diferentes maneiras.

O Mago ou O Comunicador Celestial, Francis Barrett, 1801

O Oráculo da Lua

Casa Um
O Vulcão
De 00.00 Áries a 12.51 Áries ♦ *Regida por Marte e pelo Sol*

Uma figura cinzenta ajoelha-se sobre uma plataforma encaixada em formas de vida primitivas, na atitude do atleta prestes a iniciar a corrida. Ele está usando um colar cerimonial que indica tanto servidão como poder. As chamas de um Sol em eclipse revelam sua presença todo-poderosa atrás de uma Lua Nova. Em segundo plano acha-se um vulcão escuro e intrigante, suas labaredas misturando-se com o cabelo chamejante da figura. A forma circular brilhante formada pelos galhos de uma árvore é um lembrete de que a Lua Cheia virá.

ALMACH — OS CHIFRES DE ÁRIES
De acordo com a tradição, quando a Lua estava na primeira casa lunar, este período era considerado propício para fazer sortilégios envolvendo o amor ou o ódio. Ele simbolizava forças conflitantes e remoinhos de vento, que eram expressos no cotidiano como discussões.

SIGNIFICADO DA CARTA
A Lua Nova transita pela casa de Áries e toca os regentes dos dois primeiros decanatos, Marte e o Sol. Esses dois planetas no primeiro signo são altamente criativos e ousados. Essa carta expressa inspiração, espontaneidade e negligência e indica a necessidade de agir imediatamente para liberar uma energia que não pode mais ser contida. É uma carta indicativa de ação extrema e impaciência.

Esta casa da Lua é apaixonada, ardente e cheia de ímpeto criativo. Ela representa um período de inatividade durante o qual há um acúmulo de energia que posteriormente explodirá como um vulcão.

Pessoas nascidas com a Lua na Casa Um:
Bill Gates, Antonio Banderas, Sarah Ferguson, Martina Navratilova

FRASE-CHAVE
Conserve e incremente recursos

AS CASAS DA LUA

Casa Dois

O MUSICISTA

De 12.51 Áries a 25.43 Áries ♦ *Regida pelo Sol e por Júpiter*

A figura de uma jovem com longos cabelos esvoaçantes da cor do Sol segura uma viola na sua mão esquerda. Seu corpo está envolvido por uma guirlanda de flores cor-de-rosa e folhas verdes. Um diadema com as mesmas flores enfeita seus cabelos. Ela olha para trás enquanto corre por uma rampa brilhante e arenosa, um livro de música aberto caindo suavemente aos seus pés. À distância, um bando de pássaros voa sob a luz do Sol. Sua pele é de um verde pálido, a cor das plantas novas. Ela simboliza brotos novos, tenros e delicados, estendendo-se para alcançar o calor intenso e criativo do Sol.

ALBOTHAIM — O VENTRE DE ÁRIES

De acordo com a tradição, quando a Lua estava na segunda casa lunar, este período era considerado propício para fazer pentáculos para descobrir fontes e tesouros.

SIGNIFICADO DA CARTA

O Sol combina com Júpiter nos dois últimos decanatos de Áries, na união positiva dos dois signos de ação, Leão e Sagitário. Esta é uma carta que indica a presença de uma oportunidade — que está simplesmente à disposição — e a capacidade de inspirar e persuadir os outros, seja qual for o seu desejo e a natureza do projeto. Ela indica um aumento de criatividade e uma facilidade de expressão. A capacidade de se expressar virá tão naturalmente como é tocar um instrumento musical para um músico experiente.

Se você escolher esta carta, você tem todas as aptidões necessárias para lidar com facilidade com o assunto objeto da consulta.

Pessoas nascidas com a Lua na Casa Dois: Luciano Pavarotti, Whitney Houston, Claude Renoir, Marlon Brando

---

FRASE-CHAVE
Uma oportunidade fácil, uma alta criatividade

Casa Três

O PALÁCIO

De 25.43 Áries a 08.34 Touro ♦ Regida por Júpiter e por Vênus

O rosto de expressão implacável de uma mulher de cabelos ruivos olha fixamente para o observador como se estivesse em transe. Ela traz sobre a cabeça um estranho adorno com a forma de uma peruca em gomos cor de laranja, que é fixada em cada um dos lados da cabeça por uma trança de cor púrpura. A peruca é encimada por um pequeno palácio cor de marfim, de construção simétrica. No alto das paredes do palácio crescem duas árvores, uma de cada lado da construção, e de cada uma delas pende uma única fruta vermelha. Atrás do grande adorno da mulher vê-se o enorme círculo da Lua Nova. De cada ombro da figura pende um cacho de uvas verdes.

ASCORIJA — O CHUVISCO

De acordo com a tradição, quando a Lua estava na terceira casa lunar, este período era considerado bom para viagens marítimas e para os alquimistas operarem mágicas.

SIGNIFICADO DA CARTA

O expansivo planeta Júpiter encoraja Vênus, amante dos prazeres, o que resulta num amor desmedido pelas coisas boas da vida e pelos prazeres hedonistas. Esta casa lunar se move em direção ao início do sensual signo de Touro em Terra, no ponto em que o planeta Vênus é levado a extremos pelo expansivo planeta Júpiter.

Se você escolher essa carta, ela indicará que há uma tendência ao exagero e à condescendência demasiada, e o desejo de mostrar ao mundo que é grande o seu prazer. Essa carta também denota extravagância irrefletida, generosidade demasiada com o fito de exibir-se e um desejo de impressionar as pessoas.

Pessoas nascidas com a Lua na Casa Três: Barbara Cartland, Jackie Onassis, Príncipe Charles, Scott Fitzgerald

---

FRASE-CHAVE
Condescendência exagerada; exibicionismo

As Casas da Lua

Casa Quatro

A Pedra

De 08.34 Touro a 21.26 Touro ♦ *Regida por Mercúrio e por Saturno*

Quatro degraus levam a uma construção sólida, segura, retangular, de aparência simples, de onde se projetam duas construções menores, uma de cada lado. Essa construção é parte de uma tabuleta de pedra de coloração pálida, que se ergue acima dela. Nessa pedra clara acham-se inscritos símbolos estranhos que representam segredos íntimos de família e tradições. Acima da tabuleta e debruçando-se sobre ela, há uma figura coroada de mulher, com longos cabelos loiros. Em torno do pescoço ela traz um objeto, semelhante a um papiro, exibindo alguns escritos. Seus braços pendem para baixo, de cada lado da tabuleta, como se estivesse abraçando a pedra.

ALDEBARAN — O OLHO OU A CABEÇA DE TOURO

De acordo com a tradição, quando a Lua estava nesta casa, dizia-se que era a causa da destruição de prédios ou que incitava a discórdia nas famílias.

SIGNIFICADO DA CARTA

Mercúrio em conjunção com Saturno em Touro denota uma atitude séria em tudo que se refere a bens possuídos. Saturno tradicionalmente representa os ancestrais e antecedentes familiares juntamente com a confiabilidade da herança. Essa casa lunar é de temperamento fortemente material e possessivo.

Se a carta desta casa é escolhida, ela sugere que você tem uma atitude obstinada e protetora em relação a tudo que considera sua propriedade pessoal, que tanto pode ser o negócio da família, como simplesmente as fortes tradições familiares. Sua atitude em relação a este assunto é inflexível e antiquada: a maneira pela qual você sempre agiu é a única maneira aceitável.

Pessoas nascidas com a Lua na Casa Quatro:
Bill Clinton, Germaine Greer, Elton John, Karl Marx

FRASE-CHAVE
Apegado ao que é familiar

Casa Cinco

A RODA

De 21.26 Touro a 04.17 Gêmeos ♦ *Regida por Saturno e por Mercúrio*

Duas figuras quase idênticas trajadas com roupas de cor marrom estão uma frente à outra com uma das mãos estendida, porém não exatamente tocando a da outra. Atrás das figuras vê-se a Lua, apresentada como uma roda. Os raios da roda são cabeças cobertas com elmos, girando na direção dos ponteiros do relógio.

ALUXER — O CORPO DE TOURO

De acordo com a tradição, quando a Lua estava nesta casa, este período era considerado bom para o estudo dos sábios e favorável ao desenvolvimento de talentos e aptidões.

SIGNIFICADO DA CARTA

Nessa quinta casa lunar, o planeta Saturno, sério e voltado para assuntos de segurança, fica em conjunção com Mercúrio — planeta da comunicação — no signo de Gêmeos, excitante e de raciocínio agudo. Como resultado, Saturno assume uma característica menos austera do que a usual, influenciado pelo planeta Mercúrio que é um tanto mais leve e, ao mesmo tempo, aumenta o poder estável de Mercúrio.

Se escolher esta carta, você tem habilidade para fazer bons relacionamentos e para trabalhar com outras pessoas a fim de tocar adiante os assuntos de determinado empreendimento. É importante freqüentar os círculos sociais adequados e fazer contatos úteis, para obter sucesso em seus esforços. Uma roda muitas vezes indica que se obteve a permissão ou a aceitação de alguém que ocupa uma posição influente. Essa carta trata essencialmente de quem você conhece e do quanto eles gostam de você.

Pessoas nascidas com a Lua na Casa Cinco: Bob Dylan, Peter Sellers, Katheryn Hepburn, Edith Piaf

---

FRASE-CHAVE
Boa rede de comunicações

As Casas da Lua

Casa Seis
A Ponte

De 04.17 Gêmeos a 17.08 Gêmeos ♦ *Regida por Mercúrio e por Vênus*

Duas figuras despidas, uma com cabelos curtos, a outra com cabelos longos, estão de pé, de costas uma para a outra. Elas estão se esforçando consideravelmente para entrarem em contato formando uma ponte: cada uma tenta conseguir tocar a mão da outra estendendo o braço acima da cabeça, e cada uma dobra um joelho tentando tocar o pé da outra. Uma planta em flor cresce dentro de um grande vaso vermelho entre as duas figuras. A planta é um lótus, está florindo e traz frutos. Atrás das figuras vê-se uma bela e rara Lua Azul.

ATHAIA — A PEQUENA ESTRELA DE GRANDE LUZ

De acordo com a tradição, quando a Lua estava nessa casa, os árabes acreditavam que ela tornava demorada a recuperação depois de uma doença. Este período também era considerado bom para sitiar uma cidade ou para vingar-se, se você fosse um príncipe.

SIGNIFICADO DA CARTA

Mercúrio e Vênus são muito diferentes no que tange aos esforços para se expressarem. Eles simbolizam características diferentes: Mercúrio é flexível, rápido e versátil, enquanto Vênus é vagaroso e possessivo. Todavia, eles partilham a capacidade de se sociabilizar. Regida por esses dois planetas, esta casa trata de diferenças de opiniões e de idéias. As duas figuras se tocando representam a capacidade de formar uma ponte, de encontrar pontos em comum e de chegar a um acordo.

A casa seis é uma carta que promove a paz; se você a selecionar, ela revela a possibilidade de um resultado harmonioso para uma situação anterior, em que existia grande contestação.

Pessoas nascidas com a Lua na Casa Seis: Brigitte Bardot, Billy Connelly, Noel Coward, Tina Turner

---

FRASE-CHAVE
Ponte de compromisso; encontrar de repente algo em comum

Casa Sete

O Visitante

De 17.08 Gêmeos a 00.00 Câncer ♦ *Regida por Vênus e por Urano*

Uma figura sentada, usando um vestido amarelo, olha para a frente com expressão pensativa, voltada para a esquerda. Próxima a ela, também sentada, uma estranha figura verde está voltada para a frente, encarando-nos e tocando o braço esquerdo da primeira figura, num gesto de amizade. Cada figura veste uma roupa decorada com símbolos. Ao fundo vêem-se colinas negras e uma Lua Cheia.

ALDYARAS — O BRAÇO DE GÊMEOS

De acordo com a tradição, quando a Lua se localizava nessa casa, dizia-se que era um período que favorecia os amantes e as amizades. Era também auspicioso para fazer pentáculos e sortilégios visando obter os favores dos poderosos.

SIGNIFICADO DA CARTA

Vênus, amante dos prazeres, denota bem-estar e segurança nos relacionamentos, ao passo que o instável Urano significa acontecimentos repentinos e inesperados que nos afastam de métodos familiares, conhecidos e confiáveis, ou de rotinas. Quando esses dois planetas estão em conjunção, deverão ocorrer surpresas sucessivas e fatos incomuns, especialmente na área de relacionamentos.

Se você escolher essa carta, ela indica que ocorrerá um contato ou relacionamento social, novo ou inesperado, que terá alguma influência sobre o assunto em questão. Uma mão amiga se oferecerá, ou terá se oferecido, por parte de uma fonte bastante improvável. Essa carta também pode significar atração por alguém que não é o tipo de pessoa que você usualmente escolheria para se associar.

Pessoas nascidas com a Lua na Casa Sete: Shirley Temple Black, Kirk Douglas, Goldie Hawn, Claudia Schiffer

---

FRASE-CHAVE
Um relacionamento inesperado

As Casas da Lua

Casa Oito

O Cavaleiro

De 00.00 Câncer a 12.51 Câncer ♦ *Regida pela Lua e por Plutão*

Uma linda mulher com longos cabelos loiros olha para fora, cingindo uma criança ao peito. Ela está usando um elmo e um manto verde e segura uma adaga na mão esquerda. Seu vestido é vermelho, representando vida e vitalidade, e atrás de sua cabeça vê-se o círculo de uma Lua vermelha e escura, cor de sangue.

AMATHURA — NEBULOSO OU NUBLADO

De acordo com a tradição, quando a Lua estava nessa casa, julgava-se que esse era um período particularmente favorável para as famílias e para amar as crianças, até mesmo as de uma pessoa estranha. Contrastando com essa disposição, também era um período propício para lançar sortilégios visando manter alguém em cativeiro!

SIGNIFICADO DA CARTA

O planeta Plutão significa transformação e imenso poder, ao passo que a natureza gentil e harmoniosa da Lua é cuidadosa e protetora. Esses dois planetas combinados no signo de Água de Câncer denotam a enorme força protetora de um animal fêmea protegendo sua cria. O imenso poder de Plutão dá forças à Lua, suave e emotiva, que é capaz de expressar facilmente sua natureza em Câncer, já que esta é sua própria Casa.

Essa carta expressa a necessidade de lutar, se necessário, em defesa de alguém menos capaz de se defender sozinho. Se escolher essa carta, você se envolverá profundamente com as pessoas e com os ideais que lhe são caros. Esta é uma casa heróica.

Pessoas nascidas com a Lua na Casa Oito: Janis Joplin, Camilla Parker Bowles, Eric Satie, Tom Waites

---

FRASE-CHAVE
Proteção instintiva

Casa Nove

A Jarra

De 12.51 Câncer a 25.43 Câncer ♦ *Regida por Plutão e por Netuno*

Um vaso, ou jarra, ricamente decorado tem o formato de uma cabeça de mulher. Os cachos de seu cabelo esvoaçante, de cor azul-claro, se transformam em pálidos jorros de água que são recolhidos em vasilhas de cada lado da jarra. Duas figuras de aspecto tristonho estão sentadas segurando as vasilhas, de costas uma para a outra.

ATARS — O OLHO DO LEÃO

De acordo com a tradição, quando a Lua estava nesta casa, os chineses acreditavam que uma viagem não deveria ser empreendida. Os árabes chamavam essa casa 'Al Tarf o Olhar', e sustentavam a crença de que, se você nascesse com a Lua nessa casa, seria dono de uma personalidade afável e bondosa.

SIGNIFICADO DA CARTA

A combinação, nessa casa, dos dois planetas exteriores — o poderoso Plutão e o etéreo Netuno — sugere grande imaginação e sensibilidade associadas a um desejo idealista de divulgar suas crenças e sonhos no mundo inteiro. Essa casa significa compaixão e ajuda positiva àqueles que se acham em apuros.

Se escolher esta carta, você tem a capacidade de perceber as necessidades daqueles que o cercam e é capaz de atendê-las por meio de cuidados e empatia. Essa carta indica a capacidade de compreender facilmente as situações e os sentimentos dos outros e de fazer efetivamente alguma coisa para ajudá-los.

Pessoas nascidas com a Lua na Casa Nove:
Georgio Armani, Aretha Franklin, Erica Jong, Paul Simon

FRASE-CHAVE
Ajudar os outros

As Casas da Lua

Casa Dez

A Fonte

De 25.43 Câncer a 08.34 Leão ♦ *Regida por Netuno e pelo Sol*

Uma figura feminina, bonita, valente, com cabelos ondulados castanho-avermelhados emerge de uma urna, da qual jorra uma fonte fria e brilhante. Ela é banhada pelo fluxo de água azul pálido. Usa um elmo com asas simbolizando a capacidade de fazer a imaginação voar e atingir grandes alturas. Sua postura é tranqüila e confiante ao fixar o olhar no observador. Sua cabeça e seus ombros são emoldurados por uma pálida Lua Cheia semelhante ao Sol.

ALGELBA — O PESCOÇO OU TESTA DO LEÃO

De acordo com a tradição, quando a Lua estava nessa casa, pensava-se que ela fortalecia as construções, favorecia o amor e a boa vontade e ajudava a derrotar os inimigos. Os árabes consideravam essa casa favorável aos assuntos profissionais bem como aos que diziam respeito ao amor.

SIGNIFICADO DA CARTA

O Sol simboliza a criatividade dinâmica, enquanto o planeta Netuno denota a expansão da imaginação e dá ensejo a uma capacidade visionária para alcançar grandes alturas. A carta dessa casa significa reconhecimento de sua própria criatividade tanto por você mesmo como pelos outros, e indica um crescimento repentino do poder de sua imaginação.

Se escolher essa carta, você deverá responsabilizar-se pelos seus próprios talentos e usá-los tanto em seu benefício quanto no das outras pessoas. Essa carta o impele a acreditar nas suas muitas e diversas aptidões, e no valor que as outras pessoas atribuem a elas.

Pessoas nascidas com a Lua na Casa Dez:
Christian Dior, Jimi Hendrix,
Clint Eastwood, Nancy Reagan

FRASE-CHAVE
Compartilhar os seus dons

Casa Onze

A Fortuna

De 08.34 Leão a 21.26 Leão ♦ *Regida pelo Sol e por Júpiter*

Uma jovem mulher está sentada com as costas voltadas para uma pequena árvore folhada. Ela usa um vestido azul com estampa floral. Ela estende as mãos abertas para receber uma moeda de ouro que um pássaro azul que paira no ar traz em seu bico. Outras moedas de ouro caem à sua frente. Uma pálida Lua vermelha brilha num céu amarelo.

AZOBRE — A JUBA DA CABEÇA DO LEÃO

De acordo com a tradição, quando a Lua estava nessa casa, este período era considerado favorável para viagens e para lançar sortilégios que possibilitassem a fuga de prisioneiros. Dizia-se que pessoas nascidas sob a influência da Lua nessa casa teriam atitudes idealistas ou gosto requintado.

SIGNIFICADO DA CARTA

A combinação harmoniosa do Sol com Júpiter significa uma boa sorte extraordinária. As moedas de ouro representam o Sol e o pássaro azul é da cor tradicional de Júpiter. As moedas constituem um símbolo da boa sorte de uma forma geral e não significam necessariamente ganhos financeiros. O planeta Júpiter representa crescimento na vida enquanto o Sol representa capacidade criativa. Como o Sol se encontra em seu próprio signo generoso de Leão, essa é a casa das magníficas oportunidades.

Se essa carta for escolhida, ela costuma indicar que você teve a sorte de nascer no seio de uma família abastada e herdará quantias expressivas, ou que você é, de alguma maneira, naturalmente talentoso, ou ainda, que entrará em contato com alguém talentoso.

Pessoas nascidas com a Lua na Casa Onze:
Rainha Elizabeth II, Paul McCartney, Caroline Smith, Oscar Wilde

---

FRASE-CHAVE
Boa sorte extraordinária

Casa Doze

A QUEDA

De 21.26 Leão a 04.17 Virgem ♦ *Regida por Marte e Mercúrio*

Uma jovem mulher corre sem olhar para onde está indo. Ela está se aproximando da extremidade de um quebra-mar e está quase caindo dentro d'água. Ao fundo, de pé diante de algumas construções, duas figuras estão acenando para ela e gritando uma advertência. Há uma Lua vermelha contra um céu escuro, e a silhueta negra de uma colina à distância.

ALZARFA – A CAUDA DO LEÃO

De acordo com a tradição, quando a Lua estava nessa casa, este período era considerado favorável às pessoas que trabalhavam para os outros, como empregados ou assalariados. Era também um período bom para lançar sortilégios que visassem à melhoria das condições de vida dos prisioneiros.

SIGNIFICADO DA CARTA

Mercúrio é ágil e de raciocínio rápido, enquanto Marte é impulsivo e cheio de energia — a combinação pode resultar em brilhantismo espontâneo ou em comportamento displicente. O signo de Virgem é perfeccionista e pode agir como inibidor, levando ao impulso de reconsiderar suas ações ou decisões.

Se escolher esta carta, você será confrontado com dois impulsos conflitantes, a vontade de agir despreocupadamente e a necessidade de ser cuidadoso. Você poderá ter dúvidas antes ou imediatamente depois de agir impulsivamente. Você pode mudar de opinião sobre uma idéia e conseqüentemente ter que voltar ao estágio inicial de planejamento. Esta carta revela que, de alguma maneira, uma decisão errônea foi tomada, porém sugere que ainda há tempo para corrigir o erro.

Pessoas nascidas com a Lua na Casa Doze: Margaret Thatcher, L. Ron Hubbard, Richard Branson, Jane Fonda

---

FRASE-CHAVE
Necessidade de começar novamente

Casa Treze

O Altar

De 04.17 Virgem a 17.08 Virgem ♦ *Regida por Mercúrio e por Saturno*

Uma mulher de aparência severa, com o cabelo penteado no formato de uma nuvem negra, ergue as mãos em atitude de desespero. À sua frente acha-se um altar de magia, no qual estão dispostos objetos que representam os quatro Elementos — Fogo, Terra, Ar e Água. Em torno dos seus pulsos e atrás dela podem-se ver pequenas nuvens cor-de-rosa.

ALALMA — AS ESTRELAS DE CÃO; AS ASAS DE VIRGEM

De acordo com a tradição, a Lua nessa casa indicava esperteza em lidar com dinheiro. Dizia-se que aqueles nascidos quando a Lua estava nessa casa tinham maior perícia em lidar com assuntos financeiros.

SIGNIFICADO DA CARTA

No signo metódico e preciso de Virgem, a conjunção de Mercúrio e Saturno indica uma perspectiva convencional. Significa que o *status quo* deverá ser mantido a qualquer custo. Saturno nessa posição indica preocupação com o que as outras pessoas pensam. Esse velho e respeitável planeta transmite uma tendência séria e pessimista às idéias positivas de Mercúrio. O altar representa uma maneira de pensar que se tornou um ritual e um hábito.

Embora a atmosfera dessa casa seja negativa, as pequenas nuvens cor-de-rosa indicam que existe potencial positivo e esperança a serem extraídos da situação melancólica atual — você simplesmente ainda não percebeu isso. Escolher esta carta também indica que você tem sido forçado a manter a conduta que os outros esperam de você.

Pessoas nascidas com a Lua na Casa Treze:
Princesa Anne, Madonna,
Michelle Pfeiffer, John Travolta

FRASE-CHAVE
Atender às expectativas de outras pessoas

Casa Quatorze

O Cetro

De 17.08 Virgem a 00.00 Libra ♦ *Regida por Saturno e Vênus*

Uma figura clássica está de pé sobre uma pirâmide de topo achatado, contendo em si mesma duas torres. Sobre cada lado da pirâmide cresce uma árvore com ramos entrelaçados. A figura segura uma esfera de cristal numa das mãos e um cetro na outra, símbolos de autoridade e de poderes ocultos. Atrás da figura vê-se uma luminosa Lua Cheia.

AZIMEL — O CETRO DE VIRGEM

De acordo com a tradição, quando a Lua estava nessa casa, este período era considerado benéfico para a promoção de estudos divinatórios e de clarividência, tarô, etc. Quando descoberto no mapa de nascimento de uma pessoa, dizia-se que essa casa aumentaria sua prudência e sua habilidade para analisar.

SIGNIFICADO DA CARTA

A combinação Saturno-Vênus nessa casa produz uma ambição muito forte e um desejo de alcançar uma situação de responsabilidade na vida. Tanto Vênus como Saturno são planetas possessivos e, quando juntos, cuidam usualmente de ganhos materiais e de conquistas. Quando em conjunção no signo de Virgem nessa casa, eles também indicam um toque de perfeccionismo.

A escolha dessa carta denota o seu desejo de subir de posição na vida. Você anseia por reconhecimento e respeito no sentido tradicional e quer ser visto como um pilar da sociedade. Esta carta o adverte de que, de maneira geral, atingir essa posição requer um planejamento sólido e considerável previsão.

Pessoas nascidas com a Lua na Casa Quatorze:
Vanessa Redgrave, John F. Kennedy, Jack Nicholson

FRASE-CHAVE
Anseio por ocupar uma posição proeminente

O ORÁCULO DA LUA

Casa Quinze

O BUQUÊ

De 00.00 Libra a 12.51 Libra ♦ *Regida por Vênus e Urano*

Jovens amantes se abraçam, sentados numa banqueta. A moça traz uma rosa presa em seu longo cabelo loiro. À direita do casal, uma roseira em flor exibe rosas de um vermelho profundo. Outras flores caem ao redor do par. O céu é de um verde pálido, da cor dos primeiros brotos da primavera. Atrás deles vê-se uma Lua Cheia de cor laranja.

ALGALIA — A TAMPA OU A COBERTURA

De acordo com a tradição, a Lua nessa casa era considerada desfavorável aos relacionamentos, tanto os familiares como os outros. Todavia, dizia-se que aumentava as chances de sucesso na descoberta de tesouros, e esse período era considerado propício para fazer sortilégios com este propósito.

SIGNIFICADO DA CARTA

A harmoniosa Libra é o signo dos relacionamentos, e Vênus, unida com o inesperado e muitas vezes chocante planeta Urano, denota a ocorrência de um relacionamento amoroso inesperado ou ilícito. Essa sem dúvida é uma carta do amor, quer você espere escolhê-la ou não.

Se escolher esta carta, você, ou alguém de importância relevante para o assunto que é objeto da consulta, está vivendo a experiência de um repentino e insuperável sentimento de amor. Esta carta pode expressar um relacionamento surpreendente, mas duradouro, ou uma ligação breve, ou ainda um caso de amor de que se arrepende. Ela denota uma situação na qual você é arrancado de uma rotina emocional por uma repentina sensação excitante, e até mesmo por uma paixão, despertada pelo encontro com alguém desconhecido.

Pessoas nascidas com a Lua na Casa Quinze:
Agatha Christie, Walt Disney, Toulouse Lautrec, Billie Jean King

---

FRASE-CHAVE
Um caso de amor ou um relacionamento ilícito

AS CASAS DA LUA

Casa Dezesseis

A PORTA

De 12.51 Libra a 25.43 Libra ♦ Regida por Urano e por Mercúrio

Uma mulher está de pé no interior de uma sala, diante de uma entrada aberta. Próxima a ela está uma planta alta com flores vermelhas, brotando de um vaso decorado. A partir da entrada, uma série de degraus leva a um palácio, além do qual vê-se a silhueta ondulante de colinas escuras. Uma Lua pálida de coloração amarela é tocada por nuvens claras.

ALCIBENE — AS GARRAS DE ESCORPIÃO

De acordo com a tradição, a Lua nessa casa era considerada desfavorável para o casamento e causava brigas na família. Os cabalistas chamavam essa casa de 'Aiah', ou salvação, e acreditavam em sua capacidade de desenvolver o livre-arbítrio.

SIGNIFICADO DA CARTA

Urano estimula Mercúrio numa nova linha de pensamento, encorajando reflexões adicionais ou provocando uma inspiração repentina. Esta carta indica o possível advento de um novo e brilhante conceito que o surpreende e a todos os outros e o afasta de todos os seus hábitos antigos e rotineiros de conduzir o seu raciocínio. Na carta, a planta simboliza o tempo gasto vivendo do mesmo modo por um longo período. A entrada aberta conduz a uma oportunidade.

Se escolher esta carta, você tem uma decisão importante a tomar, a de optar por continuar com a segurança de rotinas estabelecidas e de situações bastante conhecidas, ou a de tentar algo novo, que parece ter um enorme potencial, porém cujo resultado final é desconhecido. Você deverá subir pela passagem aberta, se pretende avançar na vida.

Pessoas nascidas com a Lua na Casa Dezesseis:
Wallis Simpson, Joana d'Arc, Maria Antonieta, Jane Austen

FRASE-CHAVE
Uma decisão repentina ou uma nova oportunidade

Casa Dezessete

A Espada

De 25.43 Libra a 08.34 Escorpião ♦ *Regida por Mercúrio e por Plutão*

De cada lado de uma figura feminina ereta está uma espada, cada uma delas equilibrada sobre a ponta de sua lâmina. No punho de cada espada há uma Lua crescente, e enrolada em cada lâmina acha-se uma serpente. As línguas das serpentes enrolam-se em torno de cada um dos braços da figura que usa um elmo com o formato de um arco. Nas extremidades de cada lado do arco, sobre o ombro esquerdo, há uma pluma; no lado oposto, sobre o ombro direito, há um coração.

ARCHIL – A COROA DE ESCORPIÃO

De acordo com a tradição, a Lua nessa casa era considerada capaz de reverter a má sorte, tornar o amor duradouro e fortalecer as construções. Os chineses chamavam essa casa de. "A Cauda do Dragão" e imaginavam que ela advertia os nativos para que se defendessem, ao longo das suas vidas, contra a ameaça de difamação.

SIGNIFICADO DA CARTA

O poderoso Plutão em seu signo de Escorpião estimula ao extremo a mente calma e razoável de Mercúrio. Esta casa denota uma necessidade inexorável de agir em prol de uma causa. Esta é uma carta que exige justiça. A influência do poderoso Plutão indica vingança pelos erros do passado.

Se esta carta for escolhida, você percebe que alguma coisa é injusta e que precisa agir para normalizar a situação. As línguas das serpentes mostradas na carta representam discussão agitada; portanto, deverão ocorrer disputas acaloradas em relação ao assunto envolvido.

Pessoas nascidas com a Lua na Casa Dezessete:
James Dean, Steven Spielberg, Raquel Welch, Liv Ullman

FRASE-CHAVE
Pensamentos de vingança, um processo judicial

As Casas da Lua

Casa Dezoito

O SACRIFÍCIO

De 08.34 Escorpião a 21.26 Escorpião ♦ *Regida por Plutão e por Netuno*

Uma mulher despida, sentada sobre uma almofada azul estampada, com a mão erguida apoiando a testa num gesto que exprime fadiga, olha fixamente para o céu. Atrás dela e à sua esquerda, há uma árvore também despida de folhas; a silhueta dos seus galhos delineia-se contra um céu vermelho onde se vê o círculo amplo de uma Lua Nova. Um galho com folhas e uma flor vermelha cai da mão esquerda da mulher no chão de cor púrpura.

ALCHALB – O CORAÇÃO DE ESCORPIÃO

De acordo com a tradição, dizia-se que a Lua nessa casa provocava discórdia, sedição e conspiração contra príncipes e outros personagens importantes, indicando vingança por parte dos seus inimigos. Os chineses julgavam que essa casa significava que qualquer empreendimento iniciado nesse período nunca receberia o retorno esperado.

SIGNIFICADO DA CARTA

A paixão de Plutão e a compaixão de Netuno expressam conjuntamente a característica da ação desinteressada. Essa casa denota devoção extrema e intensa a um assunto que está sob seus cuidados. A mulher nua da imagem simboliza honestidade e a perda de tudo. A flor é o último bem que ela possui para dar – e que representa o amor.

Se essa carta for escolhida, você está preparado para perder tudo em prol de uma causa específica ou pelo bem de uma outra pessoa. Integridade é tudo para você em relação a esse assunto, e você não será persuadido a mudar de idéia quanto a isso.

Pessoas nascidas com a Lua na Casa Dezoito:
Elizabeth Taylor, Whoopi Goldberg, Bette Midler, Charlie Chaplin

---

FRASE-CHAVE
Sacrifício ou emoção extrema

O Oráculo da Lua

Casa Dezenove
DOIS CAMINHOS
De 21.26 Escorpião a 04.17 Sagitário ♦ *Regida pela Lua e por Júpiter*

Uma amazona com longos cabelos vermelhos, usando um vestido longo azul com estampa chamativa em ziguezague, está montada num cavalo irrequieto. Ela está pronta para iniciar uma viagem. Dois caminhos desaparecem na distância, sob as patas do cavalo. A silhueta de negras colinas se destaca contra um céu cor-de-rosa, enquanto, ao fundo, uma imensa Lua Cheia amarela delineia as figuras do cavalo e da amazona.

AXALA – A CAUDA DE ESCORPIÃO
De acordo com a tradição, quando transitava por essa casa, a Lua era considerada propícia para o cerco às cidades e para tirar os homens de suas casas. Os árabes acreditavam que aqueles nascidos com a Lua nessa casa teriam sucesso na caça e no desenvolvimento de suas próprias idéias, porém, por outro lado, encontrariam dificuldades para manter um empreendimento comercial e para estabelecer uma residência fixa.

SIGNIFICADO DA CARTA
A Lua e Júpiter, posicionados no final de Escorpião e no início de Sagitário – dois dos signos mais aventureiros – sugerem idéias avançadas e viagens para lugares distantes tanto físicas como mentais. Essa casa da Lua denota a excitação nervosa e emocional que caracteriza o início de uma viagem mental ou física.

Se você escolher essa carta, existem decisões importantes a serem tomadas: você precisa comprometer-se com uma de duas alternativas. Embora cada um dos caminhos oferecidos pareça seguir na mesma direção, você nunca terá certeza disto. Só lhe resta ser suficientemente ousado para empreender a viagem.

Pessoas nascidas com a Lua na Casa Dezenove:
Kevin Costner, Príncipe Andrew, John Astrop, Margot Fonteyn

FRASE-CHAVE
Um início otimista para uma viagem; excitação emocional

As Casas da Lua

Casa Vinte

O Precipício

De 04.17 Sagitário a 17.08 Sagitário ♦ *Regida por Júpiter e por Marte*

A figura de asas azuis de Ícaro, usando uma fita vermelha sobre os cabelos claros e com uma expressão fixa de determinação no rosto, está prestes a se lançar no espaço, da beira de um penhasco. A Lua matizada de um amarelo pálido brilha acima de sua cabeça, parecendo um pálido Sol no céu.

ABANAHAYA – UM RAIO DE LUZ

De acordo com a tradição, a Lua nessa casa era considerada boa para domar animais selvagens e para reforçar as prisões. Julgava-se que ela impelia o homem a chegar a um determinado lugar. Os chineses acreditavam que a Lua nessa casa era propícia para promover negócios, embora existisse algum risco de perda.

SIGNIFICADO DA CARTA

Júpiter e Marte em conjunção nessa casa Sagitariana da Lua promovem ações impetuosas e entusiásticas. Marte, tradicionalmente impulsivo e exaltado, está cheio de energia e é levado ao limite pela natureza expansiva do otimista Júpiter. Essa é a carta daquele que se arrisca. Ela indica uma atitude displicente na tomada de uma decisão, provavelmente sobre um assunto bastante sério, à qual foi dedicada pouca reflexão, no impulso do momento.

Se essa carta for escolhida, alguém relacionado com o assunto em questão acredita equivocadamente na própria infalibilidade. Essa carta simboliza o ato de lançar-se a uma situação desconhecida, sem dar ouvidos aos conselhos das outras pessoas.

Pessoas nascidas com a Lua na Casa Vinte:
Oprah Winfrey, Pablo Picasso, Christopher Reeve, Bob Geldof

FRASE-CHAVE

Impetuosidade; uma decisão impensada

Casa Vinte e Um

O Duelo

De 17.08 Sagitário a 00.00 Capricórnio ♦ Regida por Marte e pelo Sol

Dois homens de físico semelhante, enlaçados em luta romana, tentam derrubar um ao outro. Suas pernas e braços estão travados no combate; nenhum deles é capaz de conseguir vantagem sobre o outro. A figura vermelha representa o planeta Marte e a figura dourada representa o Sol. Colinas negras se erguem a distância.

ALBELDA – O DESERTO
De acordo com a tradição, quando a Lua transitava por essa casa era um período recomendado como favorável para iniciar um divórcio. No zodíaco hindu, a Lua nessa casa favorecia os militares, os instintos de caça e indicava excessos sexuais.

SIGNIFICADO DA CARTA
O planeta Marte e o Sol, ambos símbolos de energia vital criativa e de competição, combatem no signo ardente de Sagitário, sugerindo um choque entre obstinação e autoridade. O Sol representa a figura poderosa e dominadora do pai, e Marte representa o filho indócil e extrovertido. Ambos acreditam estar absolutamente certos e nenhum dos dois cederá ao outro, sob qualquer pretexto. Eles chegaram a um impasse.

A escolha dessa carta indica que a agressividade saudável está estimulada e que o desejo de vencer a qualquer custo predomina. As únicas duas possibilidades em sua situação atual são aquiescer ou preparar-se para ser ferido na luta. As colinas negras da imagem indicam um resultado desconhecido.

Pessoas nascidas com a Lua na Casa Vinte e Um:
Judy Garland, Billie Graham, Henri Matisse, Al Pacino

FRASE-CHAVE
Competição; choque entre duas opiniões conflitantes

As Casas da Lua

Casa Vinte e Dois

O Casamento

De 00.00 Capricórnio a 12.51 Capricórnio ♦ *Regida por Saturno e por Vênus*

Um homem e uma mulher, ambos com cabelos claros e trajando roupas de cor laranja, estão em pé sobre um pedestal de pedra sob um pórtico arqueado. Olhando para fora, eles estão de mãos dadas à frente, enquanto enlaçam um ao outro por trás. Plantas crescem envolvendo cada lado do arco esculpido.

CAALDALBALA – UM PASTOR

De acordo com a tradição, o período em que a Lua transitava por essa casa era considerado propício para a confecção de pentáculos e para lançar sortilégios visando semear discórdia e atrair amizade. Os árabes o consideravam indicativo de poder pessoal e desfavorável aos casamentos.

SIGNIFICADO DA CARTA

Capricórnio e seu planeta regente Saturno significam autoridade e a forma tradicional de proceder. O planeta Vênus trata da aquisição de bens, do talento próprio e de prestígio. Essa combinação de planetas produz um forte desejo de ser aceito e respeitado pela comunidade. Essa casa da Lua corresponde à idéia de fazer a coisa certa, de conformidade com as imposições sociais.

Esta não é uma carta do amor ou dos relacionamentos. Aqui, o casamento é usado no sentido de um casamento de conveniência, ou como uma metáfora para fazer o que é aceito pela sociedade. Se essa carta for escolhida, você fará uma escolha convencional ou agirá de acordo com o que todos esperam de você.

Pessoas nascidas com a Lua na Casa Vinte e Dois:
Mia Farrow, Annie Lennox, Michael Douglas, Yehudi Menhuin

FRASE-CHAVE
Comportamento adequado; manter as aparências

Casa Vinte e Três
A Confissão
De 12.51 Capricórnio a 25.43 Capricórnio ♦
Regida por Vênus e por Mercúrio

Duas mulheres sentadas, uma com longos cabelos ruivos, outra com longos cabelos loiros, inclinam-se uma para a outra, envolvidas em profunda discussão. Entre elas uma planta grande e simétrica cresce saindo do interior de um pote ou urna. As folhas da planta têm o formato e o colorido de lábios e simbolizam a intriga. Atrás da planta verde que se espalha há uma grande Lua Nova.

CAALDELBOLAB – O QUE DEVORA
De acordo com a tradição, o período em que a Lua transitava por essa casa era recomendado como propício ao divórcio, à libertação de prisioneiros e à recuperação dos doentes. Os cabalistas achavam que se a Lua aparecia nessa casa por ocasião de um nascimento, isto indicava uma vida de disputas e inveja, embora algum sucesso pudesse ser alcançado através de outras pessoas.

SIGNIFICADO DA CARTA
Vênus representa as escolhas que você faz e Mercúrio significa processos mentais e discussões. Com a Lua posicionada no signo resignado e responsável de Capricórnio, esses planetas indicam discussão séria e confidencial de assuntos que envolvem emoções.

Se esta carta for escolhida, será preciso buscar aconselhamento de alguma espécie e respostas deverão ser obtidas. A Lua Nova da imagem significa que existe algo importante até agora ainda não revelado. Embora tenha sido mantido em segredo há longo tempo, muito em breve o assunto será revelado por você ou para você. Essa carta muito freqüentemente indica um escândalo.

Pessoas nascidas com a Lua na Casa Vinte e Três:
Cher, Billie Holliday, Tammy Wynette, Nina Simone

FRASE-CHAVE
Uma conversa confidencial; agir como "conselheiro sentimental em coluna jornalística"

AS CASAS DA LUA

Casa Vinte e Quatro

A MÁSCARA

De 25.43 Capricórnio a 08.34 Aquário ♦ Regida por Mercúrio e por Urano

O rosto perfeito de uma mulher usando uma tiara decorada, o cabelo castanho ondulado penteado imaculadamente, exibe uma expressão estranhamente impassível. Uma pequena Lua vermelha foi pintada entre suas sobrancelhas. Seus lábios são cheios e sensuais, mas seus olhos não estão visíveis. Na verdade, o rosto é uma belíssima máscara.

CAADACHOT — O INFELIZ DOS INFELIZES

Tradicionalmente, o período em que a Lua transitava por essa casa era considerado desfavorável para as pessoas que ocupavam uma posição de respeito e autoridade no seio da sociedade. Era considerado propício para a confecção de pentáculos que o tornassem capaz de exercer poder sobre seus inimigos. Os cabalistas achavam que a Lua nessa casa era propícia desde que se agisse prudentemente; porém, por outro lado, era capaz de subverter a boa sorte.

SIGNIFICADO DA CARTA

Mercúrio e Urano em conjunção resultam em raciocínio excêntrico, incomum e até mesmo enganoso. Capricórnio e Aquário estão em conflito. Capricórnio concentra-se em manter as aparências, ao passo que Aquário gosta de inovar e mudar pontos de vista ultrapassados. Essa casa revela conversas conflitantes, incomuns e inesperadas.

Se esta carta for escolhida, isso indica que alguém está mentindo. Eles estão sustentando desesperadamente uma ilusão que esconde alguma coisa completamente diferente, da qual você precisa ter conhecimento. Esta carta revela que haverá um desfecho ou revelação: a máscara cairá.

Pessoas nascidas com a Lua na Casa Vinte e Quatro:
Joan Crawford, John Lennon, Indira Gandhi, Susan Sarandon

FRASE-CHAVE
Alguém está escondendo alguma coisa

Casa Vinte e Cinco

O REBELDE

De 08.34 Aquário a 21.26 Aquário ♦ *Regida por Urano e por Mercúrio*

Uma figura estranha flutua de cabeça para baixo, fugindo à atração da gravidade. A expressão do rosto é serena, não demonstrando nenhuma preocupação com a posição insólita. Pequenos símbolos elementares flutuam em torno da figura. O cabelo é vermelho e flutuante e um véu de cor amarela envolve a cintura.

CAALDA — BORBOLETA

De acordo com a tradição, se a Lua estivesse transitando por essa casa na data do seu nascimento, imaginava-se que você seria corajoso, obstinado e capaz de triunfar sobre os seus inimigos. Todavia, você também seria inclinado a proceder de forma rude, excêntrica e insólita, o que o levaria a ter má sorte nos negócios.

SIGNIFICADO DA CARTA

Quando Urano e Mercúrio estão em conjunção em Aquário surge uma característica que induz as pessoas a se preocupar muito pouco com regras e tradições. Esta carta revela que idéias tradicionais e pontos de vista ultrapassados e que não são mais úteis, devem ser revistos e atualizados. É fundamental, caso se pretenda progredir, que se encontrem novas maneiras de analisar os assuntos e novas maneiras de executar o trabalho.

Se esta carta for escolhida existe potencial para um raciocínio excepcionalmente brilhante que produz lampejos de genialidade. Ela indica uma devoção muito grande a uma causa. Você tem certeza de que sua atitude está correta, não importa o quanto sua posição possa parecer isolada para as outras pessoas. Você deverá estar preparado para agir de forma completamente oposta ao que se espera, para atingir o objetivo colimado.

Pessoas nascidas com a Lua na Casa Vinte e Cinco:
Mohammed Ali, Marilyn Monroe, Tennessee Williams

FRASE-CHAVE
Discussão por uma causa, comportamento excêntrico

As Casas da Lua

Casa Vinte e Seis

O Prisioneiro

De 21.26 Aquário a 04.17 Peixes ♦ *Regida por Vênus e por Netuno*

A figura de uma mulher forte com flores azuis no seu longo cabelo dourado é emoldurada por uma estrutura de metal enferrujada, com rebites. A estrutura está colocada sobre dois pedestais de metal, cada um formando uma série de degraus que levam a entradas separadas, providas de cortinas, através das quais brilha a luz.

ALGAFARMUTH – O PRIMEIRO ESBOÇO DA ÁGUA

De acordo com a tradição, a Lua quando transitava por essa casa era considerada pelos astrólogos hindus como favorável à riqueza, mas não à felicidade. Se a Lua estava posicionada nessa casa por ocasião do seu nascimento, julgava-se que as mulheres o obedeceriam, embora você provavelmente reprimisse seus impulsos mais ternos movido pela avareza.

SIGNIFICADO DA CARTA

Freqüentemente, a natureza compassiva de Netuno é confusa e falha em reconhecer a diferença entre fantasia e realidade. Em conjunção com o dócil Vênus, ela pode denotar o arquétipo da "vítima", embora isso possa ser mais imaginário do que real. Esta casa denota aprisionamento mental, emocional ou físico, causado por você mesmo ou como resultante da traição de outra pessoa.

Se escolher esta carta, você – como a mulher da figura – não está realmente preso na armadilha, como imagina, e pode escapar da situação constritiva a qualquer momento. As entradas na base da imagem indicam que novos caminhos estão abertos para você.

Pessoas nascidas com a Lua na Casa Vinte e Seis:
Woody Allen, Princesa Diana, Elvis Presley, Michelangelo

FRASE-CHAVE
Busca de fuga de uma situação; traição

Casa Vinte e Sete

O Guru

De 04.17 Peixes a 17.08 Peixes ♦ *Regida por Netuno e pela Lua*

Uma figura semelhante a Buda flutua, com as pernas cruzadas, em atitude de meditação e serenidade. Seu rosto está pintado com o símbolo de yin-yang. Em sua cintura, exibe o símbolo da transcendência. Ondas de energia emanam de sua cabeça e de seus ombros. Sob a figura voam duas aves azuis, representando esclarecimento espiritual, e atrás dela vê-se o círculo de uma Lua vermelha.

ALGARFERMUTH – O SEGUNDO ESBOÇO DA ÁGUA

De acordo com a tradição, o período em que a Lua transita por essa casa era considerado propício a tudo que se relacionasse a clarividência, poderes psíquicos e assuntos espirituais. Não era, todavia, considerado auspicioso para iniciar um projeto, que se depararia com muitas dificuldades ou atrasos durante esse período.

SIGNIFICADO DA CARTA

A Lua, emotiva e profunda, em conjunção com o planeta Netuno, de altas aspirações, pode significar inspiração ou escapismo neste que é o mais espiritual dos signos – Peixes. Freqüentemente, esta combinação de astros pode denotar distanciamento do mundo real, talvez pela ingestão de drogas. A Lua nessa casa significa inspiração criativa em um nível muito elevado no qual a fantasia e a realidade podem, por um instante, tornar-se uma só.

Se escolher esta carta, você pode ter o desejo de escapar de uma situação difícil, ou simplesmente de reservar alguns momentos para "pôr as idéias em ordem".

Pessoas nascidas com a Lua na Casa Vinte e Sete:
Coco Chanel, Frank Sinatra, Hugh Hefner, Mata Hari

FRASE-CHAVE
Inspiração ou fuga

As Casas da Lua

Casa Vinte e Oito

A Adormecida

De 17.08 Peixes a 00.00 Áries ♦ *Regida pela Lua e por Plutão*

Uma mulher pálida, de rosto calmo e belo, com os braços cruzados, dorme nua com uma Lua de cristal em seu seio. Os cachos de seus cabelos, de cor verde-claro, flutuam como rios sinuosos. Gotas de água caem. Ela é a Lua adormecida.

ANAXHE – O VENTRE DO PEIXE

De acordo com a tradição, quando a Lua estava nessa casa, denominada a Esfera pelos cabalistas, pensava-se que ela tinha uma influência dual. Se você tivesse nascido com a Lua transitando por essa casa, então você estaria destinado a uma vida de lutas no mundo material, porém, espiritualmente, tudo estaria tranqüilo e ameno.

SIGNIFICADO DA CARTA

A Lua e Plutão, combinados em Peixes, simbolizam o mito de Perséfone – raptada por Hades, ela foi forçada a permanecer no mundo dos mortos durante um período a cada ano. Esta carta indica que uma energia emotiva muito intensa atualmente está adormecida, mantida prisioneira, aguardando o momento adequado para atingir sua expressão máxima. A Lua nessa casa significa um período de calma e silêncio antes de reunir novas energias para enfrentar a vida. É um período para premonição e clarividência.

Se escolher esta carta, você não deverá lidar com nenhum assunto iminente até que o período de descanso seja completado. Não obstante, sua habilidade para visualizar o futuro terá um papel importante mais tarde, produzindo um resultado bem-sucedido para o assunto em questão.

Pessoas nascidas com a Lua na Casa Vinte e Oito:
Grace Kelly, O. J. Simpson, Sissy Spacek, Eartha Kitt

FRASE-CHAVE

Premonição; suspeita

COMO FAZER A LEITURA

Antes de usar as cartas para fazer a leitura, você precisa estar em condições mentais adequadas, isto é, deverá sentir-se relaxado. Se está preocupado com um assunto importante, ou se está distraído com pensamentos relacionados com os acontecimentos do dia, você ficará impossibilitado de fazer uma leitura perceptiva e sensível para outra pessoa. Encontre um local calmo e silencioso onde você possa se sentar confortavelmente durante pelo menos dez minutos antes de começar. Deixe seus pensamentos afluírem livremente em sua mente e libere-os sem preocupar-se com eles. Se você considera útil uma determinada forma de meditação ou relaxamento, use-a então para liberar a sua mente de quaisquer distrações e o seu corpo de qualquer tensão.

É importante que qualquer leitura seja precedida por uma cerimônia ou ritual preparatório que conecte o seu inconsciente às cartas e à Lua. O ritual é uma maneira de abrir espaço em sua vida atarefada para algo um pouco diferente. É uma maneira de definir o respeito que você tem por uma determinada atividade de qualquer espécie que não precisa necessariamente ter nenhuma relação com a religião ou com a magia. Na verdade, realizamos rituais em quase todas as áreas de nossas vidas.

Por exemplo, antes de se sentar à mesa para um jantar especial que você tenha preparado para amigos íntimos ou para a sua família, provavelmente você dedicou bastante tempo à criação de um ambiente adequado, decorando-o com flores e iluminando a mesa, posicionando os pratos e talheres de forma elegante e ordenada. Da mesma forma, para preparar o seu humor antes de um encontro romântico, você poderá deleitar-se com um banho agradavelmente perfumado e relaxante.

Seja qual for o período do dia que você escolher para fazer uma leitura, crie uma cerimônia preparatória que seja apropriada e mantenha-a. Por exemplo, se a Lua estiver visível no céu na ocasião em que você fará uma leitura, saia e procure olhar para ela. Faça contato e atraia o seu poder. Medite sobre o formato dela. Coloque uma pedrinha branca dentro de uma vasilha com água sobre a sua mesa para representar a Lua e fixe o seu olhar nela quando ponderar sobre a pergunta que está sendo feita.

Modos de dispor as cartas

Existem muitos modos pelos quais você pode usar as cartas para fazer uma leitura e as disposições mais tradicionais do Tarô podem ser adaptadas para o Oráculo da Lua. Para começar, descrevemos detalhadamente três formas alternativas de dispor as cartas do Oráculo da Lua. Outras disposições ocorrerão a você à medida que adquirir experiência com as cartas. Na verdade, quando estiver familiarizado com os significados das cartas – como a maioria dos praticantes de Tarô – você provavelmente desejará desen-

COMO FAZER A LEITURA

volver as suas próprias maneiras de dispor as cartas, adaptando-as aos seus próprios métodos de trabalho.

Sua aptidão para utilizar as cartas das Fases da Lua para determinar a época de um acontecimento produzirá novas disposições personalizadas (veja página 18). Por exemplo, apenas três cartas – uma das Fases da Lua, uma das Casas e uma das Deusas – poderão ajudar você a tomar uma decisão rapidamente. Sempre que uma carta das Fases da Lua é selecionada numa leitura, você pode procurar para diante e para trás nas Tabelas da Lua (veja página 118) para descobrir quando a mesma fase ocorreu anteriormente ou quando ela ocorrerá novamente no futuro.

A CRUZ ELEMENTAR

Com relação ao diagrama abaixo, siga o modelo da leitura, colocando a carta apropriada na posição respectiva, con-

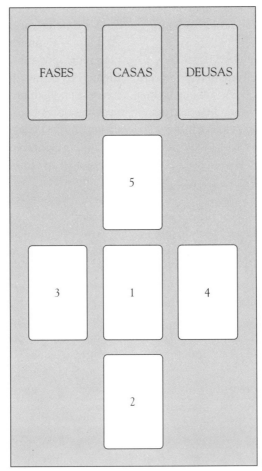

A Cruz Elementar

forme indicado, para compreender como funciona a disposição das cartas segundo a Cruz Elementar.

A PERGUNTA

Em 31 de março de 1999, Sandra, autora de livros infantis, nos procurou para fazer uma leitura. Ela havia apresentado a idéia de um projeto a um editor, para uma série de livros para crianças, baseada em personagens que ela havia criado num livro anterior de grande sucesso. O editor acabara de rejeitar a idéia e devolvera o trabalho ao agente dela. Sandra desejava saber se seria aconselhável levar o projeto adiante.

DISPOSIÇÃO DAS CARTAS

A data em que a leitura foi realizada era 31 de março de 1999. As Tabelas da Lua revelavam que a Fase da Lua para aquele dia era Lua Cheia em Ar/Libra. Essa carta das Fases da Lua foi colocada na posição 1. Ela representava o estágio em que se encontrava o projeto objeto da pergunta.

Cada um dos três baralhos – Deusas da Lua, Casas da Lua e Fases da Lua — foram então misturados separadamente, ao mesmo tempo que se concentrava a atenção na pergunta. A seguir, as cartas foram escolhidas e dispostas da seguinte maneira.

A carta do topo do baralho das Fases da Lua foi tirada e colocada na posição 2.

Essa carta representa o conhecimento sobre a questão apresentada. Tiramos Lua Minguante em Fogo.

A carta do topo do baralho das Casas da Lua foi tirada e colocada na posição 3. Essa carta indica o que deverá ser feito a seguir. Foi tirada a Casa 16 – A Porta.

A carta seguinte do baralho das Casas da Lua foi tirada e colocada na posição 4. Essa carta revela o resultado. Escolhemos a Casa 15 – O Buquê.

Finalmente, a carta no topo do baralho das Deusas da Lua foi tirada e colocada na posição 5. Essa carta representa a forma como a consulente deveria agir para lidar com a situação. Tiramos Lilith.

A LEITURA

1. A primeira carta – Lua Cheia em Ar/Libra – é inteiramente adequada à pergunta apresentada por Sandra. O Elemento Ar trata de comunicação e os livros se enquadram perfeitamente nessa categoria. A Lua Cheia indica que as idéias do livro chegaram ao estágio final de apresentação e foram exibidas recentemente. Em alguns casos uma carta mostrando a Lua Cheia pode indicar um resultado bem-sucedido, porém, no presente caso, ela simplesmente significa que a idéia foi exposta às outras pessoas. O fato de a Lua estar em Libra indica que existe outra pessoa envolvida.

Freqüentemente essa Fase da Lua significa o florescimento de uma parceria, um julgamento a seu favor, o apoio de outras pessoas. Como o editor não gostou da idéia, essa carta deve estar indicando que o agente de Sandra ainda julga que o projeto é válido.

2. A Lua Minguante sempre indica o desenvolvimento de algo que aconte-

ceu antes. O fato de ela estar em Fogo significa que a pergunta se relaciona à criatividade de Sandra. Essa carta representa confiança conseguida através de conquistas passadas. Ela também indica que é um período propício para promover e desenvolver alguma coisa boa que já tenha sido conseguida.

3. Casa da Lua 16 – A Porta – nessa posição indica que Sandra deverá modificar sua idéia seguindo uma nova linha de pensamento, ou ainda, tentar reexaminá-la por um prisma não-tradicional. Ela precisa libertar-se de antigos padrões de raciocínios comumente seguidos. O umbral é otimista e sugere que a idéia ainda pode gerar oportunidades. Ela deverá cruzar o umbral para progredir.

4. Casa da Lua 15 – O Buquê – na posição do resultado transmite uma mensagem clara. Ela representa um amor inesperado. Como essa pergunta se relaciona com Ar e com a série de livros, essa carta deve significar que alguém se entusiasmará pela idéia de Sandra. Provavelmente, o entusiasmo pelos livros virá de alguma pessoa que não estava sendo cogitada e também de forma repentina.

5. Lilith é a deusa que foi criticada publicamente e sobreviveu, apesar da rejeição chauvinista de Adão. O que Sandra deveria fazer era instigar seu agente a agir. A primeira rejeição que sofreu pode não ser a última, mas ao final ela encontrará o editor para os seus livros.

As Sete Irmãs

Com relação ao diagrama a seguir, siga a leitura do modelo, colocando a carta apropriada em cada uma das posições, conforme indicado, para compreender como funciona a disposição das cartas das Sete Irmãs.

A PERGUNTA

Depois de uma série de relacionamentos iniciados e terminados durante os últimos anos, Diane – uma cabeleireira – conheceu alguém de nome Peter e apaixonou-se loucamente por ele. Peter era diretor de uma empresa fornecedora de refeições, estava ainda casado, porém separado e vivia sozinho.

Depois de algumas semanas em que se encontraram várias vezes, eles decidiram iniciar uma vida nova juntos, mudaram-se de Londres e abriram um pequeno restaurante na zona rural. No ímpeto do entusiasmo, eles haviam encontrado um velho bar, a milhas de distância, e já tinham apresentado uma oferta para comprá-lo. A pergunta que Diane desejava fosse respondida era: "Isto vai dar certo ou eu estou louca?"

DISPOSIÇÃO DAS CARTAS

A data dessa leitura era 22 de janeiro de 1999 e o horário 15h15m. As Tabelas da Lua indicavam que a fase lunar era Lua Crescente em Água/Peixes; a palavra-chave, Instinto. Essa carta das Fases da Lua foi colocada na posição 1, e representava a verdadeira natureza da pergunta.

Cada um dos três baralhos – Deusas da Lua, Casas da Lua e Fases da Lua – foram então misturados separadamente, ao mesmo tempo que se concentrava a atenção na pergunta. As cartas foram então escolhidas e dispostas da seguinte maneira.

A carta no topo do baralho das Fases da Lua foi colocada na posição 2. Essa carta representa o passado. Tiramos a carta Primeiro Quarto da Lua em Fogo, cuja palavra-chave é Competição.

A carta seguinte do baralho das Fases da Lua foi tirada e colocada na posição 3. Ela representa o futuro. A carta tirada foi Lua Gibosa em Ar, cuja palavra-chave é Promoção.

A seguir, foram distribuídas três cartas do baralho das Casas, da esquerda para a direita, uma acima de cada uma das cartas das Fases da Lua, nas posições 4, 5 e 6. Essas cartas dão informações adicionais sobre o passado, o presente e o futuro da pergunta. Tiramos Casa 20 – O Precipício – para o passado, Casa 8 – O Cavaleiro – para o presente e Casa 18 – O Sacrifício – para o futuro.

Por último, tiramos uma carta do topo do baralho das Deusas da Lua e a colocamos na posição 7. Essa carta representa a forma como a consulente deveria agir para lidar com a situação. Escolhemos a Deusa Ishtar.

A LEITURA

1. Lua Crescente em Água denota o início de algo emocional. Peixes idealiza os sentimentos e encontra dificuldades para discernir entre realidade e fantasia. Este é o mais maleável de todos os

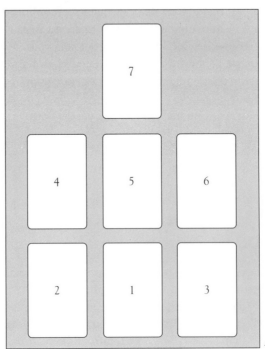

As Sete Irmãs

signos de Água e fará qualquer concessão para deixar que alguma emoção cresça.

2. Primeiro Quarto em Fogo, nesta posição, revela que uma forte paixão em grau considerável já surgiu. Consultamos as Tabelas da Lua e descobrimos que a última vez em que a Lua esteve no Primeiro Quarto em Fogo foi em 26 de dezembro de 1998. Surpreendentemente, isto ocorreu um dia ou dois após o primeiro encontro inesperado de Diane e Peter. Naquela data a Lua estava no signo de Áries, o mais impetuoso e impulsivo de todos os signos de Fogo. A palavra-chave dessa carta é Competição e provavelmente se refere à maneira com que os novos amantes tentam sobrepujar um ao outro em sua paixão e devoção.

3. Lua Gibosa em Ar – palavra-chave Promoção – representa o futuro. Gibosa é a fase que leva à Lua Cheia e é, portanto, um sinal promissor com relação ao sucesso de um projeto. Consultamos as Tabelas da Lua para saber quando a Lua Gibosa ocorreria novamente em Ar. Isto aconteceria uma semana após a leitura, em 28 de janeiro, quando a Lua estaria em Gêmeos, o que significa um período para colocar as coisas às claras, dando a conhecer as suas intenções. É o estágio em que uma idéia está firme e tudo que resta é obter aprovação total.

4. A seguir, examinamos as cartas das Casas para desenvolver a nossa leitura. Acima da carta das Fases da Lua, referente ao passado, colocamos a Casa 20

– O Precipício. Essa é a carta de risco. Ela indica que uma decisão foi tomada despreocupadamente, com pouca ponderação, no ímpeto do momento. Ela também revela que alguém envolvido com o assunto objeto da consulta tem uma crença equivocada na própria infalibilidade. Essa carta ressalta a temeridade do empreendimento de Diane e Peter, após um período tão curto de conhecimento mútuo.

5. Acima da carta das Fases da Lua referente ao presente, pusemos a Casa 8 – O Cavaleiro. Essa carta revela que nada que possamos dizer dissuadirá Diane de levar avante o seu plano. Essa Casa é muito protetora e está no signo de Câncer, apegado à idéia de lar e filhos.

6. Acima da carta das Fases da Lua referente ao futuro, colocamos a Casa 18 – O Sacrifício. Essa carta, não importa o que se possa pensar, representa a devoção mais apaixonada a uma causa. Existe um sacrifício a ser feito e muitas questões sérias a serem examinadas. Diane está pondo a sua casa à venda e associando-se a um homem que ela conhece há apenas três meses e com quem tem mantido um relacionamento por apenas algumas semanas. Peter ainda está casado embora tenha dado início ao processo de divórcio.

7. A Deusa da Lua Ishtar indica que talvez seja necessário, simbolicamente, despojar-se de tudo mantendo apenas o essencial, desistir de tudo para empenhar-se nessa batalha e, ainda assim, ao final talvez Diane necessite pedir ajuda.

Essa carta indica que março é um mês significativo com relação a essa questão.

A leitura, de um modo geral, delineou com precisão os acontecimentos anteriores e mostrou que existia potencial para obter sucesso no futuro, embora riscos devessem ser enfrentados e sacrifícios precisassem ser feitos. Como a carta das Fases da Lua referente ao futuro era Lua Minguante em Ar, sentimos que qualquer que fosse o resultado do relacionamento amoroso, os assuntos legais e financeiros teriam que ser totalmente esclarecidos. Sugerimos que Diane consultasse um advogado imediatamente e elaborasse um contrato de contingência para que, na hipótese do relacionamento amoroso se deteriorar, ela não fosse deixada só, sem quaisquer recursos financeiros.

Uma semana após a leitura, Diane obteve um documento legal elaborado por seu advogado, assegurando a sua posição financeira no novo negócio. Em março de 1999 a sua proposta de compra da propriedade foi aceita e o casal está mais exultante do que nunca.

A CRUZ CELTA

Esta é a mais tradicional de todas as formas de disposição de cartas do Tarô e é excepcionalmente boa para ser utilizada com o Oráculo da Lua. Para essa configuração, você precisa combinar as cartas das Casas e das Fases da Lua em um baralho e misturá-las conjunta e completamente. O baralho das cartas das Deusas deverá ser misturado separadamente.

Depois de consultar as Tabelas da Lua para descobrir a atual fase da Lua, encontre a carta atual da Fase da Lua e a coloque na posição 1. Essa carta descreve a natureza da consulta.

Do baralho de cartas já misturadas das Deusas, tome a carta do topo e coloque-a atravessada sobre a carta 1 na posição 2. Essa carta mostra a influência da Deusa sobre a pergunta.

Agora dê as cartas dos baralhos das Fases e das Casas combinados, colocando-as nas outras posições seqüencialmente:

3. Essa carta representa as referências anteriores da situação.

4. Essa carta mostra os acontecimentos do passado recente.

5. Essa carta representa a situação atual.

6. Essa carta indica o futuro.

7. Essa carta revela os sentimentos do consulente sobre o assunto.

8. Essa carta indica o que as outras pessoas pensam.

9. Essa carta indica os fatores favoráveis e os desfavoráveis quanto ao assunto.

10. Essa carta revela o resultado.

Como Fazer a Leitura

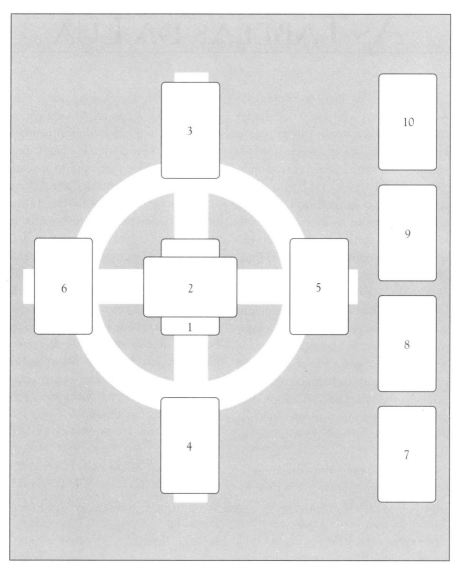

A Cruz Celta

As Tabelas da Lua

As tabelas da Lua são simples de usar, uma vez que você tenha convertido o seu horário local para o Horário Médio de Greenwich (GMT). Cálculos astrológicos em todo o mundo são convertidos para GMT para evitar confusões. Se o seu horário local sofre alteração durante os meses de verão, lembre-se de considerar essa alteração quando fizer a conversão para GMT, incluindo o Reino Unido.

Calcule a diferença entre a sua hora local e o horário GMT para o momento em que a sua pergunta é formulada, usando a *Tabela de Mudança de Horário* ao lado. Então acrescente ou subtraia o número adequado de horas quando consultar as tabelas da Lua. O horário GMT preciso é importante somente naqueles dias em que a Lua passa de uma fase para outra.

Eis aqui um exemplo. Desejamos fazer nossa leitura às 16:35 h, em 16 de junho de 2000, em Houston, Texas. Pela Tabela da Lua, verificamos que a Lua passou para a fase Cheia às 22:26 GMT naquela data. É importante calcular a diferença entre o horário de Houston e o GMT para verificar se 16:35 em Houston é antes ou depois da passagem da Lua para a Fase Cheia. A *Tabela de Mudança de Horário* indica que Houston está a – 06.00 de GMT, assim em Houston são seis horas antes de GMT. Para calcular o horário GMT, acrescente seis horas a 16:35, o que resulta

GMT 22.35 h. Isto corresponde a nove minutos após a Lua ter passado para a fase Cheia, às 22.26 h. Portanto, a Lua que rege a nossa leitura é a Lua Cheia em Fogo, no signo de Sagitário. Essa será a carta selecionada das Fases da Lua.

Se você consultar as Tabelas da Lua numa data em que a Lua não muda de fase, procure o dia anterior mais próximo em que a Lua mudou de fase, e essa será a fase atual da Lua.

Por exemplo, queremos fazer uma leitura às 20:15, em 3 de outubro de 2000, em Houston, Texas. No dia 1º de outubro, a Lua mudou de fase para Crescente em Água, em Escorpião. A próxima mudança de fase da Lua ocorrerá em 5 de outubro, portanto estaremos ainda na fase Crescente e não precisaremos fazer a conversão para GMT.

Tabela de Mudança de Horário

Amsterdã	GMT + 01.00
Atenas	GMT + 02.00
Bombaim	GMT + 05.30
Brasília	GMT – 03.00
Cairo	GMT + 02.00
Calgary	GMT – 07.00
Chicago	GMT – 06.00
Durban	GMT + 02.00
Gibraltar	GMT + 01.00
Houston	GMT – 06.00
Londres	GMT 00.00
Madrid	GMT + 01.00
Melbourne	GMT + 10.00

AS TABELAS DA LUA

Montreal .... GMT – 05.00
Nova York .... GMT – 05.00
Paris .... GMT + 01.00
Roma .... GMT + 01.00
S. Francisco .... GMT – 08.00
Sydney .... GMT + 10.00
Tóquio .... GMT + 09.00
Wellington .... GMT + 02.00

Se você achar isso muito complicado, sugerimos acertar um relógio permanentemente para o horário GMT e utilizá-lo unicamente para suas leituras. Também, se uma cidade próxima a você não estiver incluída na lista, você poderá recorrer à Internet, que é muito confiável na verificação de horários locais.

Tabela da Lua 1999

FASE	DATA	GMT	SIGN/ELEM
CHEIA	Jan 2 1999	02:50	CÂN/ÁGUA
MING.	Jan 5 1999	15:32	LEÃO/FOGO
ÚLTQUARTO	Jan 9 1999	14:21	LIBRA/AR
BALSÂM.	Jan 13 1999	17:29	SAG/FOGO
NOVA	Jan 17 1999	15:45	CAPR/TERRA
CRESC.	Jan 21 1999	07:38	PEIX/ÁGUA
PRIMQUART.	Jan 24 1999	19:14	TOU/TERRA
GIBOSA	Jan 28 1999	04:48	GÊM/AR
CHEIA	Jan 31 1999	16:07	LEÃO/FOGO
MING.	Fev 4 1999	10:12	LIBRA/AR
ÚLTQUARTO	Fev 8 1999	11:57	ESC/ÁGUA
BALSÂM.	Fev 12 1999	13:18	CAPR/TERRA
NOVA	Fev 16 1999	06:38	AQU/AR
CRESC.	Fev 19 1999	17:22	ÁRIES/FOGO
PRIMQUART.	Fev 23 1999	02:43	GÊM/AR
GIBOSA	Fev 26 1999	14:31	CÂN/ÁGUA
CHEIA	Mar 2 1999	06:58	VIRG/TERRA
MING.	Mar 6 1999	05:46	ESC/ÁGUA
ÚLTQUARTO	Mar 10 1999	08:39	SAG/FOGO
BALSÂM.	Mar 14 1999	06:42	AQU/AR
NOVA	Mar 17 1999	18:47	PEIX/ÁGUA
CRESC.	Mar 21 1999	01:29	TOU/TERRA
PRIMQUART.	Mar 24 1999	10:18	CÂN/ÁGUA
GIBOSA	Mar 28 1999	01:30	LEÃO/FOGO
CHEIA	Mar 31 1999	22:49	LIBRA/AR
MING.	Abr 5 1999	00:42	ESC/ÁGUA
ÚLTQUARTO	Abr 9 1999	02:49	CAPR/TERRA
BALSÂM.	Abr 12 1999	20:41	PEIX/ÁGUA
NOVA	Abr 16 1999	04:21	ÁRIES/FOGO
CRESC.	Abr 19 1999	08:56	GÊM/AR
PRIMQUART.	Abr 22 1999	19:01	LEÃO/FOGO
GIBOSA	Abr 26 1999	14:02	VIRG/TERRA
CHEIA	Abr 30 1999	14:54	ESC/ÁGUA
MING.	Mai 4 1999	17:49	SAG/FOGO
ÚLTQUARTO	Mai 8 1999	17:27	AQU/AR
BALSÂM.	Mai 12 1999	07:08	ÁRIES/FOGO
NOVA	Mai 15 1999	12:04	TOU/TERRA
CRESC.	Mai 18 1999	16:45	CÂN/ÁGUA
PRIMQUART.	Mai 22 1999	05:33	VIRG/TERRA
GIBOSA	Mai 26 1999	04:01	LIBRA/AR
CHEIA	Mai 30 1999	06:39	SAG/FOGO
MING.	Jun 3 1999	08:22	CAPR/TERRA
ÚLTQUARTO	Jun 7 1999	04:18	PEIX/ÁGUA
BALSÂM.	Jun 10 1999	14:41	TOU/TERRA
NOVA	Jun 13 1999	19:02	GÊM/AR
CRESC.	Jun 17 1999	01:52	LEÃO/FOGO
PRIMQUART.	Jun 20 1999	18:12	VIRG/TERRA
GIBOSA	Jun 24 1999	19:14	ESC/ÁGUA
CHEIA	Jun 28 1999	21:36	CAPR/TERRA

FASE	DATA	GMT	SIGN/ELEM
MING.	Jul 2 1999	20:06	AQU/AR
ÚLTQUARTO	Jul 6 1999	11:55	ÁRIES/FOGO
BALSÂM.	Jul 9 1999	20:32	GÊM/AR
NOVA	Jul 13 1999	02:24	CÂN/ÁGUA
CRESC.	Jul 16 1999	12:53	VIRG/TERRA
PRIMQUART.	Jul 20 1999	09:00	LIBRA/AR
GIBOSA	Jul 24 1999	11:22	SAG/FOGO
CHEIA	Jul 28 1999	11:23	AQU/AR
MING.	Ag 1 1999	05:14	PEIX/ÁGUA
ÚLTQUARTO	Ag 4 1999	17:26	TOU/TERRA
BALSÂM.	Ag 8 1999	02:03	CÂN/ÁGUA
NOVA	Ag 11 1999	11:08	LEÃO/FOGO
CRESC.	Ag 15 1999	02:10	LIBRA/AR
PRIMQUART.	Ag 19 1999	01:46	ESC/ÁGUA
GIBOSA	Ag 23 1999	03:55	CAPR/TERRA
CHEIA	Ag 26 1999	23:46	PEIX/ÁGUA
MING.	Ag 30 1999	12:31	ÁRIES/FOGO
ÚLTQUARTO	Set 2 1999	22:17	GÊM/AR
BALSÂM.	Set 6 1999	08:34	CÂN/ÁGUA
NOVA	Set 9 1999	22:02	VIRG/TERRA
CRESC.	Set 13 1999	17:51	ESC/ÁGUA
PRIMQUART.	Set 17 1999	20:05	SAG/FOGO
GIBOSA	Set 21 1999	20:10	AQU/AR
CHEIA	Set 25 1999	10:49	ÁRIES/FOGO
MING.	Set 28 1999	19:10	TOU/TERRA
ÚLTQUARTO	Out 2 1999	04:02	CÂN/ÁGUA
BALSÂM.	Out 5 1999	17:15	LEÃO/FOGO
NOVA	Out 9 1999	11:34	LIBRA/AR
CRESC.	Out 13 1999	11:45	SAG/FOGO
PRIMQUART.	Out 17 1999	14:58	CAPR/TERRA
GIBOSA	Out 21 1999	11:21	PEIX/ÁGUA
CHEIA	Out 24 1999	21:01	TOU/TERRA
MING.	Out 28 1999	02:31	GÊM/AR
ÚLTQUARTO	Out 31 1999	12:04	LEÃO/FOGO
BALSÂM.	Nov 4 1999	04:58	VIRG/TERRA
NOVA	Nov 8 1999	03:52	ESC/ÁGUA
CRESC.	Nov 12 1999	07:01	CAPR/TERRA
PRIMQUART.	Nov 16 1999	09:01	AQU/AR
GIBOSA	Nov 20 1999	00:58	ÁRIES/FOGO
CHEIA	Nov 23 1999	07:03	GÊM/AR
MING.	Nov 26 1999	11:43	CÂN/ÁGUA
ÚLTQUARTO	Nov 29 1999	23:19	VIRG/TERRA
BALSÂM.	Dez 3 1999	20:07	LIBRA/AR
NOVA	Dez 7 1999	22:30	SAG/FOGO
CRESC.	Dez 12 1999	02:10	AQU/AR
PRIMQUART.	Dez 16 1999	00:48	PEIX/ÁGUA
GIBOSA	Dez 19 1999	12:52	TOU/TERRA
CHEIA	Dez 22 1999	17:30	CÂN/ÁGUA
MING.	Dez 25 1999	23:23	LEÃO/FOGO
ÚLTQUARTO	Dez 29 1999	14:05	LIBRA/AR

Tabela da Lua 2000

FASE	DATA	GMT	SIGN/ELEM	FASE	DATA	GMT	SIGN/ELEM
BALSÂM.	Jan 2 2000	14:26	ESC/ÁGUA	NOVA	Jul 1 2000	19:19	CÂN/ÁGUA
NOVA	Jan 6 2000	18:12	CAPR/TERRA	CRESC.	Jul 5 2000	00:30	LEÃO/FOGO
CRESC.	Jan 10 2000	19:20	PEIX/ÁGUA	PRIMQUART.	Jul 8 2000	12:53	LIBRA/AR
PRIMQUART.	Jan 14 2000	13:32	ÁRIES/FOGO	GIBOSA	Jul 12 2000	10:49	SAG/FOGO
GIBOSA	Jan 17 2000	23:16	GÊM/AR	CHEIA	Jul 16 2000	13:54	CAPR/TERRA
CHEIA	Jan 21 2000	04:40	LEÃO/FOGO	MING.	Jul 20 2000	15:44	PEIX/ÁGUA
MING.	Jan 24 2000	13:25	VIRG/TERRA	ÚLTQUARTO	Jul 24 2000	11:00	TOU/TERRA
ÚLTQUARTO	Jan 28 2000	07:56	ESC/ÁGUA	BALSÂM.	Jul 27 2000	21:26	GÊM/AR
				NOVA	Jul 31 2000	02:24	LEÃO/FOGO
BALSÂM.	Fev 1 2000	10:48	SAG/FOGO				
NOVA	Fev 5 2000	13:02	AQU/AR	CRESC.	Ag 3 2000	09:15	VIRG/TERRA
CRESC.	Fev 9 2000	09:17	ÁRIES/FOGO	PRIMQUART.	Ag 7 2000	01:02	ESC/ÁGUA
PRIMQUART.	Fev 12 2000	23:20	TOU/TERRA	GIBOSA	Ag 11 2000	02:17	CAPR/TERRA
GIBOSA	Fev 16 2000	08:31	CÂN/ÁGUA	CHEIA	Ag 15 2000	05:12	AQU/AR
CHEIA	Fev 19 2000	16:26	VIRG/TERRA	MING.	Ag 19 2000	03:16	ÁRIES/FOGO
MING.	Fev 23 2000	05:19	LIBRA/AR	ÚLTQUARTO	Ag 22 2000	18:50	TOU/TERRA
ÚLTQUARTO	Fev 27 2000	03:53	SAG/FOGO	BALSÂM.	Ag 26 2000	04:04	CÂN/ÁGUA
				NOVA	Ag 29 2000	10:19	VIRG/TERRA
BALSÂM.	Mar 2 2000	07:17	CAPR/TERRA				
NOVA	Mar 6 2000	05:16	PEIX/ÁGUA	CRESC.	Set 1 2000	20:23	LIBRA/AR
CRESC.	Mar 9 2000	19:55	TOU/TERRA	PRIMQUART.	Set 5 2000	16:27	SAG/FOGO
PRIMQUART.	Mar 13 2000	06:58	GÊM/AR	GIBOSA	Set 9 2000	19:36	AQU/AR
GIBOSA	Mar 16 2000	17:06	LEÃO/FOGO	CHEIA	Set 13 2000	19:35	PEIX/ÁGUA
CHEIA	Mar 20 2000	04:44	VIRG/TERRA	MING.	Set 17 2000	12:52	TOU/TERRA
MING.	Mar 23 2000	22:30	ESC/ÁGUA	ÚLTQUARTO	Set 21 2000	01:27	GÊM/AR
ÚLTQUARTO	Mar 28 2000	00:20	CAPR/TERRA	BALSÂM.	Set 24 2000	10:51	LEÃO/FOGO
				NOVA	Set 27 2000	19:53	LIBRA/AR
BALSÂM.	Abr 1 2000	01:46	AQU/AR				
NOVA	Abr 4 2000	18:11	ÁRIES/FOGO	CRESC.	Out 1 2000	10:38	ESC/ÁGUA
CRESC.	Abr 8 2000	04:02	GÊM/AR	PRIMQUART.	Out 5 2000	10:58	CAPR/TERRA
PRIMQUART.	Abr 11 2000	13:30	CÂN/ÁGUA	GIBOSA	Out 9 2000	13:38	PEIX/ÁGUA
GIBOSA	Abr 15 2000	01:37	VIRG/TERRA	CHEIA	Out 13 2000	08:51	ÁRIES/FOGO
CHEIA	Abr 18 2000	17:41	LIBRA/AR	MING.	Out 16 2000	21:25	GÊM/AR
MING.	Abr 22 2000	16:16	SAG/FOGO	ÚLTQUARTO	Out 20 2000	07:58	CÂN/ÁGUA
ÚLTQUARTO	Abr 26 2000	19:29	AQU/AR	BALSÂM.	Out 23 2000	18:43	VIRG/TERRA
BALSÂM.	Abr 30 2000	17:02	PEIX/ÁGUA	NOVA	Out 27 2000	07:58	ESC/ÁGUA
				CRESC.	Out 31 2000	04:14	SAG/FOGO
NOVA	Mai 4 2000	04:11	TOU/TERRA				
CRESC.	Mai 7 2000	10:47	CÂN/ÁGUA	PRIMQUART.	Nov 4 2000	07:26	AQU/AR
PRIMQUART.	Mai 10 2000	20:00	LEÃO/FOGO	GIBOSA	Nov 8 2000	07:14	ÁRIES/FOGO
GIBOSA	Mai 14 2000	10:53	LIBRA/AR	CHEIA	Nov 11 2000	21:13	TOU/TERRA
CHEIA	Mai 18 2000	07:34	ESC/ÁGUA	MING.	Nov 15 2000	05:53	CÂN/ÁGUA
MING.	Mai 22 2000	09:43	CAPR/TERRA	ÚLTQUARTO	Nov 18 2000	15:24	LEÃO/FOGO
ÚLTQUARTO	Mai 26 2000	11:53	PEIX/ÁGUA	BALSÂM.	Nov 22 2000	04:39	LIBRA/AR
BALSÂM.	Mai 30 2000	04:54	ÁRIES/FOGO	NOVA	Nov 25 2000	23:11	SAG/FOGO
				CRESC.	Nov 30 2000	00:24	CAPR/TERRA
NOVA	Jun 2 2000	12:13	GÊM/AR				
CRESC.	Jun 5 2000	17:17	LEÃO/FOGO	PRIMQUART.	Dez 4 2000	03:54	PEIX/ÁGUA
PRIMQUART.	Jun 9 2000	03:29	VIRG/TERRA	GIBOSA	Dez 7 2000	23:29	TOU/TERRA
GIBOSA	Jun 12 2000	21:44	ESC/ÁGUA	CHEIA	Dez 11 2000	09:02	GÊM/AR
CHEIA	Jun 16 2000	22:26	SAG/FOGO	MING.	Dez 14 2000	15:02	LEÃO/FOGO
MING.	Jun 21 2000	01:48	AQU/AR	ÚLTQUARTO	Dez 18 2000	00:42	VIRG/TERRA
ÚLTQUARTO	Jun 25 2000	00:58	ÁRIES/FOGO	BALSÂM.	Dez 21 2000	17:34	ESC/ÁGUA
BALSÂM.	Jun 28 2000	14:01	TOU/TERRA	NOVA	Dez 25 2000	17:21	CAPR/TERRA
				CRESC.	Dez 29 2000	21:12	AQU/AR

Tabela da Lua 2001

FASE	DATA	GMT	SIGN/ELEM
PRIMQUART.	Jan 2 2001	22:29	ÁRIES/FOGO
GIBOSA	Jan 6 2001	13:56	GÊM/AR
CHEIA	Jan 9 2001	20:23	CÂN/ÁGUA
MING.	Jan 13 2001	01:16	VIRG/TERRA
ÚLTQUARTO	Jan 16 2001	12:35	LIBRA/AR
BALSÂM.	Jan 20 2001	09:48	SAG/FOGO
NOVA	Jan 24 2001	13:06	AQU/AR
CRESC.	Jan 28 2001	16:21	PEIX/ÁGUA
PRIMQUART.	Fev 1 2001	14:00	TOU/TERRA
GIBOSA	Fev 5 2001	02:11	CÂN/ÁGUA
CHEIA	Fev 8 2001	07:11	LEÃO/FOGO
MING.	Fev 11 2001	12:48	LIBRA/AR
ÚLTQUARTO	Fev 15 2001	03:24	ESC/ÁGUA
BALSÂM.	Fev 19 2001	04:31	CAPR/TERRA
NOVA	Fev 23 2001	08:20	PEIX/ÁGUA
CRESC.	Fev 27 2001	08:19	ÁRIES/FOGO
PRIMQUART.	Mar 3 2001	02:01	GÊM/AR
GIBOSA	Mar 6 2001	12:04	LEÃO/FOGO
CHEIA	Mar 9 2001	17:22	VIRG/TERRA
MING.	Mar 13 2001	01:48	ESC/ÁGUA
ÚLTQUARTO	Mar 16 2001	20:45	SAG/FOGO
BALSÂM.	Mar 21 2001	00:01	AQU/AR
NOVA	Mar 25 2001	01:19	ÁRIES/FOGO
CRESC.	Mar 28 2001	20:42	TOU/TERRA
PRIMQUART.	Abr 1 2001	10:48	CÂN/ÁGUA
GIBOSA	Abr 4 2001	19:56	VIRG/TERRA
CHEIA	Abr 8 2001	03:22	LIBRA/AR
MING.	Abr 11 2001	16:19	SAG/FOGO
ÚLTQUARTO	Abr 15 2001	15:31	CAPR/TERRA
BALSÂM.	Abr 19 2001	18:26	PEIX/ÁGUA
NOVA	Abr 23 2001	15:24	TOU/TERRA
CRESC.	Abr 27 2001	05:58	GÊM/AR
PRIMQUART.	Abr 30 2001	17:07	LEÃO/FOGO
GIBOSA	Mai 4 2001	02:38	VIRG/TERRA
CHEIA	Mai 7 2001	13:53	ESC/ÁGUA
MING.	Mai 11 2001	08:11	CAPR/TERRA
ÚLTQUARTO	Mai 15 2001	10:10	AQU/AR
BALSÂM.	Mai 19 2001	10:39	ÁRIES/FOGO
NOVA	Mai 23 2001	02:45	GÊM/AR
CRESC.	Mai 26 2001	12:58	CÂN/ÁGUA
PRIMQUART.	Mai 29 2001	22:09	VIRG/TERRA
GIBOSA	Jun 2 2001	09:29	LIBRA/AR
CHEIA	Jun 6 2001	01:39	SAG/FOGO
MING.	Jun 10 2001	00:47	AQU/AR
ÚLTQUART.	Jun 14 2001	03:27	PEIX/ÁGUA
BALSÂM.	Jun 18 2001	00:23	TOU/TERRA
NOVA	Jun 21 2001	11:56	CÂN/ÁGUA
CRESC.	Jun 24 2001	18:45	LEÃO/FOGO
PRIMQUART.	Jun 28 2001	03:19	LIBRA/AR

FASE	DATA	GMT	SIGN/ELEM
GIBOSA	Jul 1 2001	17:49	ESC/ÁGUA
CHEIA	Jul 5 2001	15:03	CAPR/TERRA
MING.	Jul 9 2001	17:14	PEIX/ÁGUA
ÚLTQUARTO	Jul 13 2001	18:44	ÁRIES/FOGO
BALSÂM.	Jul 17 2001	11:53	GÊM/AR
NOVA	Jul 20 2001	19:43	CÂN/ÁGUA
CRESC.	Jul 24 2001	00:31	VIRG/TERRA
PRIMQUART.	Jul 27 2001	10:08	ESC/ÁGUA
GIBOSA	Jul 31 2001	04:43	SAG/FOGO
CHEIA	Ag 4 2001	05:55	AQU/AR
MING.	Ag 8 2001	08:49	ÁRIES/FOGO
ÚLTQUARTO	Ag 12 2001	07:51	TOU/TERRA
BALSÂM.	Ag 15 2001	21:33	CÂN/ÁGUA
NOVA	Ag 19 2001	02:54	LEÃO/FOGO
CRESC.	Ag 22 2001	07:30	LIBRA/AR
PRIMQUART.	Ag 25 2001	19:55	SAG/FOGO
GIBOSA	Ag 29 2001	18:38	CAPR/TERRA
CHEIA	Set 2 2001	21:42	PEIX/ÁGUA
MING.	Set 6 2001	23:07	ÁRIES/FOGO
ÚLTQUARTO	Set 10 2001	18:58	GÊM/AR
BALSÂM.	Set 14 2001	05:54	LEÃO/FOGO
NOVA	Set 17 2001	10:27	VIRG/TERRA
CRESC.	Set 20 2001	16:58	ESC/ÁGUA
PRIMQUART.	Set 24 2001	09:31	CAPR/TERRA
GIBOSA	Set 28 2001	11:21	AQU/AR
CHEIA	Out 2 2001	13:47	ÁRIES/FOGO
MING.	Out 6 2001	11:59	TOU/TERRA
ÚLTQUARTO	Out 10 2001	04:18	CÂN/ÁGUA
BALSÂM.	Out 13 2001	13:33	VIRG/TERRA
NOVA	Out 16 2001	19:23	LIBRA/AR
CRESC.	Out 20 2001	05:53	SAG/FOGO
PRIMQUART.	Out 24 2001	02:58	AQU/AR
GIBOSA	Out 28 2001	06:03	PEIX/ÁGUA
CHEIA	Nov 1 2001	05:40	TOU/TERRA
MING.	Nov 4 2001	23:26	GÊM/AR
ÚLTQUARTO	Nov 8 2001	12:20	LEÃO/FOGO
BALSÂM.	Nov 11 2001	21:25	LIBRA/AR
NOVA	Nov 15 2001	06:39	ESC/ÁGUA
CRESC.	Nov 18 2001	22:30	CAPR/TERRA
PRIMQUART.	Nov 22 2001	23:20	PEIX/ÁGUA
GIBOSA	Nov 27 2001	01:31	ÁRIES/FOGO
CHEIA	Nov 30 2001	20:47	GÊM/AR
MING.	Dez 4 2001	09:38	CÂN/ÁGUA
ÚLTQUARTO.	Dez 7 2001	19:51	VIRG/TERRA
BALSÂM.	Dez 11 2001	06:31	ESC/ÁGUA
NOVA	Dez 14 2001	20:47	SAG/FOGO
CRESC.	Dez 18 2001	18:00	AQU/AR
PRIMQUART.	Dez 22 2001	20:55	ÁRIES/FOGO
GIBOSA	Dez 26 2001	20:27	TOU/TERRA
CHEIA	Dez 30 2001	10:39	CÂN/ÁGUA

Tabela da Lua 2002

FASE	DATA	GMT	SIGN/ELEM	FASE	DATA	GMT	SIGN/ELEM
MING.	Jan 2 2002	18:58	LEÃO/FOGO	ÚLTQUARTO	Jul 2 2002	17:18	ÁRIES/FOGO
ÚLTQUARTO	Jan 6 2002	03:54	LIBRA/AR	BALSÂM.	Jul 6 2002	18:01	TOU/TERRA
BALSÂM.	Jan 9 2002	17:44	SAG/FOGO	NOVA	Jul 10 2002	10:24	CÂN/ÁGUA
NOVA	Jan 13 2002	13:28	CAPR/TERRA	CRESC.	Jul 13 2002	20:04	VIRG/TERRA
CRESC.	Jan 17 2002	14:46	PEIX/ÁGUA	PRIMQUART.	Jul 17 2002	04:46	LIBRA/AR
PRIMQUART.	Jan 21 2002	17:45	TOU/TERRA	GIBOSA	Jul 20 2002	16:34	SAG/FOGO
GIBOSA	Jan 25 2002	13:27	GÊM/AR	CHEIA	Jul 24 2002	09:07	AQU/AR
CHEIA	Jan 28 2002	22:49	LEÃO/FOGO	GIBOSA	Jul 28 2002	07:43	PEIX/ÁGUA
MING.	Fev 1 2002	04:03	VIRG/TERRA	ÚLTQUARTO	Ag 1 2002	10:20	TOU/TERRA
ÚLTQUARTO	Fev 4 2002	13:33	ESC/ÁGUA	BALSÂM.	Ag 5 2002	07:53	GÊM/AR
BALSÂM.	Fev 8 2002	07:26	CAPR/TERRA	NOVA	Ag 8 2002	19:14	LEÃO/FOGO
NOVA	Fev 12 2002	07:40	AQU/AR	CRESC.	Ag 12 2002	01:26	LIBRA/AR
CRESC.	Fev 16 2002	10:53	ÁRIES/FOGO	PRIMQUART.	Ag 15 2002	10:12	ESC/ÁGUA
PRIMQUART.	Fev 20 2002	11:59	GÊM/AR	MING.	Ag 19 2002	01:24	CAPR/TERRA
GIBOSA	Fev 24 2002	03:28	CÂN/ÁGUA	CHEIA	Ag 22 2002	22:29	AQU/AR
CHEIA	Fev 27 2002	09:15	VIRG/TERRA	GIBOSA	Ag 27 2002	00:20	ÁRIES/FOGO
				ÚLTQUARTO	Ag 31 2002	02:29	GÊM/AR
MING.	Mar 2 2002	13:36	LIBRA/AR				
ÚLTQUARTO	Mar 6 2002	01:25	SAG/FOGO	BALSÂM.	Set 3 2002	19:56	CÂN/ÁGUA
BALSÂM.	Mar 9 2002	23:15	AQU/AR	NOVA	Set 7 2002	03:09	VIRG/TERRA
NOVA	Mar 14 2002	02:01	PEIX/ÁGUA	CRESC.	Set 10 2002	07:45	ESC/ÁGUA
CRESC.	Mar 18 2002	04:44	TOU/TERRA	PRIMQUART.	Set 13 2002	18:07	SAG/FOGO
PRIMQUART.	Mar 22 2002	02:26	CÂN/ÁGUA	MING.	Set 17 2002	13:08	AQU/AR
GIBOSA	Mar 25 2002	14:06	LEÃO/FOGO	CHEIA	Set 21 2002	13:58	PEIX/ÁGUA
CHEIA	Mar 28 2002	18:24	LIBRA/AR	GIBOSA	Set 25 2002	17:14	TOU/TERRA
				ÚLTQUARTO	Set 29 2002	17:01	CÂN/ÁGUA
MING.	Abr 1 2002	00:11	ESC/ÁGUA				
ÚLTQUARTO	Abr 4 2002	15:29	CAPR/TERRA	BALSÂM.	Out 3 2002	06:24	LEÃO/FOGO
BALSÂM.	Abr 8 2002	16:19	PEIX/TERRA	NOVA	Out 6 2002	11:17	LIBRA/AR
NOVA	Abr 12 2002	19:20	ÁRIES/FOGO	CRESC.	Out 9 2002	16:20	SAG/FOGO
CRESC.	Abr 16 2002	19:18	GÊM/AR	PRIMQUART.	Out 13 2002	05:32	CAPR/TERRA
PRIMQUART.	Abr 20 2002	12:46	LEÃO/FOGO	GIBOSA	Out 17 2002	04:15	PEIX/ÁGUA
GIBOSA	Abr 23 2002	21:56	VIRG/TERRA	CHEIA	Out 21 2002	07:19	ÁRIES/FOGO
CHEIA	Abr 27 2002	02:59	ESC/ÁGUA	MING.	Out 25 2002	09:29	GÊM/AR
MING.	Abr 30 2002	12:06	SAG/FOGO	ÚLTQUARTO	Out 29 2002	05:26	LEÃO/FOGO
ÚLTQUARTO	Mai 4 2002	07:15	AQU/AR	BALSÂM.	Nov 1 2002	15:49	VIRG/TERRA
BALSÂM.	Mai 8 2002	09:39	ÁRIES/FOGO	NOVA	Nov 4 2002	20:34	ESC/ÁGUA
NOVA	Mai 12 2002	10:43	TOU/TERRA	CRESC.	Nov 8 2002	03:57	CAPR/TERRA
CRESC.	Mai 16 2002	06:17	CÂN/ÁGUA	PRIMQUART.	Nov 11 2002	20:52	AQU/AR
PRIMQUART.	Mai 19 2002	19:41	LEÃO/FOGO	GIBOSA	Nov 15 2002	22:36	ÁRIES/FOGO
GIBOSA	Mai 23 2002	04:04	LIBRA/AR	CHEIA	Nov 20 2002	01:32	TOU/TERRA
CHEIA	Mai 26 2002	11:51	SAG/FOGO	MING.	Nov 24 2002	00:00	CÂN/ÁGUA
MING.	Mai 30 2002	01:24	CAPR/TERRA	ÚLTQUARTO	Nov 27 2002	15:45	VIRG/TERRA
ÚLTQUARTO	Jun 3 2002	00:04	PEIX/ÁGUA	BALSÂM.	Dez 1 2002	00:52	LIBRA/AR
BALSÂM.	Jun 7 2002	02:26	TOU/TERRA	NOVA	Dez 4 2002	07:34	SAG/FOGO
NOVA	Jun 10 2002	23:45	GÊM/AR	CRESC.	Dez 7 2002	18:46	AQU/AR
CRESC.	Jun 14 2002	14:10	LEÃO/FOGO	PRIMQUART.	Dez 11 2002	15:48	PEIX/ÁGUA
PRIMQUART.	Jun 18 2002	00:28	VIRG/TERRA	GIBOSA	Dez 15 2002	19:08	TOU/TERRA
GIBOSA	Jun 21 2002	09:51	ESC/ÁGUA	CHEIA	Dez 19 2002	19:09	GÊM/AR
CHEIA	Jun 24 2002	21:42	CAPR/TERRA	MING.	Dez 23 2002	12:16	LEÃO/FOGO
MING.	Jun 28 2002	15:59	AQU/AR	ÚLTQUARTO	Dez 27 2002	00:30	LIBRA/AR
				BALSÂM.	Dez 30 2002	10:09	ESC/ÁGUA

Tabela da Lua 2003

FASE	DATA	GMT	SIGN/ELEM	FASE	DATA	GMT	SIGN/ELEM
NOVA	Jan 2 2003	20:23	CAPR/TERRA	CRESC.	Jul 3 2003	13:25	LEÃO/FOGO
CRESC.	Jan 6 2003	12:23	PEIX/ÁGUA	PRIMQUART.	Jul 7 2003	02:31	LIBRA/AR
PRIMQUART.	Jan 10 2003	13:14	ÁRIES/FOGO	GIBOSA	Jul 10 2003	11:26	SAG/FOGO
GIBOSA	Jan 14 2003	15:54	GÊM/AR	CHEIA	Jul 13 2003	19:21	CAPR/TERRA
CHEIA	Jan 18 2003	10:45	CÂN/ÁGUA	MING.	Jul 17 2003	08:20	PEIX/ÁGUA
MING.	Jan 21 2003	22:29	VIRG/TERRA	ÚLTQUARTO	Jul 21 2003	07:00	ÁRIES/FOGO
ÚLTQUARTO	Jan 25 2003	08:32	ESC/ÁGUA	BALSÂM.	Jul 25 2003	09:55	GÊM/AR
BALSÂM.	Jan 28 2003	20:06	SAG/FOGO	NOVA	Jul 29 2003	06:51	LEÃO/FOGO
NOVA	Fev 1 2003	10:48	AQU/AR	CRESC.	Ag 1 2003	20:44	VIRG/TERRA
CRESC.	Fev 5 2003	07:53	ÁRIES/FOGO	PRIMQUART.	Ag 5 2003	07:26	ESC/ÁGUA
PRIMQUART.	Fev 9 2003	11:09	TOU/TERRA	GIBOSA	Ag 8 2003	17:18	CAPR/TERRA
GIBOSA	Fev 13 2003	10:42	CÂN/ÁGUA	CHEIA	Ag 12 2003	04:48	AQU/AR
CHEIA	Fev 16 2003	23:49	LEÃO/FOGO	MING.	Ag 15 2003	22:48	ÁRIES/FOGO
MING.	Fev 20 2003	07:24	LIBRA/AR	ÚLTQUARTO	Ag 20 2003	00:47	TOU/TERRA
ÚLTQUARTO	Fev 23 2003	16:45	SAG/FOGO	BALSÂM.	Ag 24 2003	01:38	CÂN/ÁGUA
BALSÂM.	Fev 27 2003	07:04	CAPR/TERRA	NOVA	Ag 27 2003	17:25	VIRG/TERRA
				CRESC.	Ag 31 2003	03:07	LIBRA/AR
NOVA	Mar 3 2003	02:34	PEIX/ÁGUA				
CRESC.	Mar 7 2003	03:57	TOU/TERRA	PRIMQUART.	Set 3 2003	12:33	SAG/FOGO
PRIMQUART.	Mar 11 2003	07:13	GÊM/AR	GIBOSA	Set 7 2003	00:28	CAPR/TERRA
GIBOSA	Mar 15 2003	02:08	LEÃO/FOGO	CHEIA	Set 10 2003	16:36	PEIX/ÁGUA
CHEIA	Mar 18 2003	10:33	VIRG/TERRA	MING.	Set 14 2003	15:41	TOU/TERRA
MING.	Mar 21 2003	15:51	ESC/ÁGUA	ÚLTQUARTO	Set 18 2003	19:01	GÊM/AR
ÚLTQUARTO	Mar 25 2003	01:51	CAPR/TERRA	BALSÂM.	Set 22 2003	16:09	LEÃO/FOGO
BALSÂM.	Mar 28 2003	19:26	AQU/AR	NOVA	Set 26 2003	03:07	LIBRA/AR
				CRESC.	Set 29 2003	09:52	ESC/ÁGUA
NOVA	Abr 1 2003	19:17	ÁRIES/FOGO				
CRESC.	Abr 5 2003	22:52	GÊM/AR	PRIMQUART.	Out 2 2003	19:09	CAPR/TERRA
PRIMQUART.	Abr 9 2003	23:37	CÂN/ÁGUA	GIBOSA	Out 6 2003	10:09	AQU/AR
GIBOSA	Abr 13 2003	13:59	VIRG/TERRA	CHEIA	Out 10 2003	07:27	ÁRIES/FOGO
CHEIA	Abr 16 2003	19:34	LIBRA/AR	MING.	Out 14 2003	10:15	GÊM/AR
MING.	Abr 20 2003	00:29	SAG/FOGO	ÚLTQUARTO	Out 18 2003	12:29	CÂN/ÁGUA
ÚLTQUARTO	Abr 23 2003	12:19	AQU/AR	BALSÂM.	Out 22 2003	05:24	VIRG/TERRA
BALSÂM.	Abr 27 2003	09:25	PEIX/ÁGUA	NOVA	Out 25 2003	12:49	ESC/ÁGUA
				CRESC.	Out 28 2003	18:00	SAG/FOGO
NOVA	Mai 1 2003	12:13	TOU/TERRA				
CRESC.	Mai 5 2003	15:06	GÊM/AR	PRIMQUART.	Nov 1 2003	04:24	AQU/AR
PRIMQUART.	Mai 9 2003	11:50	LEÃO/FOGO	GIBOSA	Nov 4 2003	23:27	PEIX/ÁGUA
GIBOSA	Mai 12 2003	22:51	LIBRA/AR	CHEIA	Nov 9 2003	01:12	TOU/TERRA
CHEIA	Mai 16 2003	03:35	ESC/ÁGUA	MING.	Nov 13 2003	05:00	CÂN/ÁGUA
MING.	Mai 19 2003	09:46	CAPR/TERRA	ÚLTQUARTO	Nov 17 2003	04:13	LEÃO/FOGO
ÚLTQUARTO	Mai 23 2003	00:31	PEIX/ÁGUA	BALSÂM.	Nov 20 2003	17:31	LIBRA/AR
BALSÂM.	Mai 27 2003	00:55	ÁRIES/FOGO	NOVA	Nov 23 2003	22:58	SAG/FOGO
NOVA	Mai 31 2003	04:18	GÊM/AR	CRESC.	Nov 27 2003	04:13	CAPR/TERRA
				PRIMQUART.	Nov 30 2003	17:15	PEIX/ÁGUA
CRESC.	Jun 4 2003	03:53	CÂN/ÁGUA				
PRIMQUART.	Jun 7 2003	20:26	VIRG/TERRA	GIBOSA	Dez 4 2003	16:39	ÁRIES/FOGO
GIBOSA	Jun 11 2003	05:40	ESC/ÁGUA	CHEIA	Dez 8 2003	20:36	GÊM/AR
CHEIA	Jun 14 2003	11:15	SAG/FOGO	MING.	Dez 12 2003	22:18	LEÃO/FOGO
MING.	Jun 17 2003	20:10	AQU/AR	ÚLTQUARTO	Dez 16 2003	17:41	VIRG/TERRA
ÚLTQUARTO	Jun 21 2003	14:44	PEIX/ÁGUA	BALSÂM.	Dez 20 2003	04:32	ESC/ÁGUA
BALSÂM.	Jun 25 2003	17:23	TOU/TERRA	NOVA	Dez 23 2003	09:43	CAPR/TERRA
NOVA	Jun 29 2003	18:37	CÂN/ÁGUA	CRESC.	Dez 26 2003	16:54	AQU/AR
				PRIMQUART.	Dez 30 2003	10:04	ÁRIES/FOGO

Tabela da Lua 2004

FASE	DATA	GMT	SIGN/ELEM
GIBOSA	Jan 3 2004	12:49	TOU/TERRA
CHEIA	Jan 7 2004	15:39	CÂN/ÁGUA
MING.	Jan 11 2004	13:05	VIRG/TERRA
ÚLTQUARTO	Jan 15 2004	04:45	LIBRA/AR
BALSÂM.	Jan 18 2004	14:25	SAG/FOGO
NOVA	Jan 21 2004	21:05	AQU/AR
CRESC.	Jan 25 2004	08:13	PEIX/ÁGUA
PRIMQUART.	Jan 29 2004	06:02	TOU/TERRA
GIBOSA	Fev 2 2004	09:47	GÊM/AR
CHEIA	Fev 6 2004	08:46	LEÃO/FOGO
MING.	Fev 10 2004	01:10	LIBRA/AR
ÚLTQUARTO	Fev 13 2004	13:38	ESC/ÁGUA
BALSÂM.	Fev 16 2004	23:21	CAPR/TERRA
NOVA	Fev 20 2004	09:18	PEIX/ÁGUA
CRESC.	Fev 24 2004	01:47	ÁRIES/FOGO
PRIMQUART.	Fev 28 2004	03:23	GÊM/AR
GIBOSA	Mar 3 2004	05:23	CÂN/ÁGUA
CHEIA	Mar 6 2004	23:12	VIRG/TERRA
MING.	Mar 10 2004	10:53	ESC/ÁGUA
ÚLTQUARTO	Mar 13 2004	21:00	SAG/FOGO
BALSÂM.	Mar 17 2004	08:02	AQU/AR
NOVA	Mar 20 2004	22:41	ÁRIES/FOGO
CRESC.	Mar 24 2004	20:35	TOU/TERRA
PRIMQUART.	Mar 28 2004	23:46	CÂN/ÁGUA
GIBOSA	Abr 1 2004	22:10	LEÃO/FOGO
CHEIA	Abr 5 2004	11:01	LIBRA/AR
MING.	Abr 8 2004	18:51	SAG/FOGO
ÚLTQUARTO	Abr 12 2004	03:46	CAPR/TERRA
BALSÂM.	Abr 15 2004	17:25	PEIX/ÁGUA
NOVA	Abr 19 2004	13:21	ÁRIES/FOGO
CRESC.	Abr 23 2004	15:09	GÊM/AR
PRIMQUART.	Abr 27 2004	17:31	LEÃO/FOGO
GIBOSA	Mai 1 2004	11:47	VIRG/TERRA
CHEIA	Mai 4 2004	20:32	ESC/ÁGUA
MING.	Mai 8 2004	01:50	CAPR/TERRA
ÚLTQUARTO	Mai 11 2004	11:04	AQU/AR
BALSÂM.	Mai 15 2004	04:27	ÁRIES/FOGO
NOVA	Mai 19 2004	04:51	TOU/TERRA
CRESC.	Mai 23 2004	08:03	CÂN/ÁGUA
PRIMQUART.	Mai 27 2004	07:55	VIRG/TERRA
GIBOSA	Mai 30 2004	22:25	LIBRA/AR
CHEIA	Jun 3 2004	04:18	SAG/FOGO
MING.	Jun 6 2004	08:45	AQU/AR
ÚLTQUARTO	Jun 9 2004	20:02	PEIX/ÁGUA
BALSÂM.	Jun 13 2004	17:30	TOU/TERRA
NOVA	Jun 17 2004	20:26	GÊM/AR
CRESC.	Jun 21 2004	22:31	LEÃO/FOGO
PRIMQUART.	Jun 25 2004	19:06	LIBRA/AR
GIBOSA	Jun 29 2004	06:35	ESC/ÁGUA

FASE	DATA	GMT	SIGN/ELEM
CHEIA	Jul 2 2004	11:08	CAPR/TERRA
MING.	Jul 5 2004	16:42	AQU/AR
ÚLTQUARTO	Jul 9 2004	07:33	ÁRIES/FOGO
BALSÂM.	Jul 13 2004	08:28	GÊM/AR
NOVA	Jul 17 2004	11:22	CÂN/ÁGUA
CRESC.	Jul 21 2004	10:31	VIRG/TERRA
PRIMQUART.	Jul 25 2004	03:36	ESC/ÁGUA
GIBOSA	Jul 28 2004	13:02	SAG/FOGO
CHEIA	Jul 31 2004	18:04	AQU/AR
MING.	Ag 4 2004	02:48	PEIX/ÁGUA
ÚLTQUARTO	Ag 7 2004	22:01	TOU/TERRA
BALSÂM.	Ag 12 2004	00:44	CÂN/ÁGUA
NOVA	Ag 16 2004	01:22	LEÃO/FOGO
CRESC.	Ag 19 2004	20:27	LIBRA/AR
PRIMQUART.	Ag 23 2004	10:10	SAG/FOGO
GIBOSA	Ag 26 2004	18:52	CAPR/TERRA
CHEIA	Ag 30 2004	02:22	PEIX/ÁGUA
MING.	Set 2 2004	15:51	ÁRIES/FOGO
ÚLTQUARTO	Set 6 2004	15:10	GÊM/AR
BALSÂM.	Set 10 2004	17:41	LEÃO/FOGO
NOVA	Set 14 2004	14:27	VIRG/TERRA
CRESC.	Set 18 2004	04:59	ESC/ÁGUA
PRIMQUART.	Set 21 2004	15:53	SAG/FOGO
GIBOSA	Set 25 2004	01:23	AQU/AR
CHEIA	Set 28 2004	13:10	ÁRIES/FOGO
MING.	Out 2 2004	08:05	TOU/TERRA
ÚLTQUARTO	Out 6 2004	10:11	CÂN/ÁGUA
BALSÂM.	Out 10 2004	10:39	VIRG/TERRA
NOVA	Out 14 2004	02:46	LIBRA/AR
CRESC.	Out 17 2004	12:50	SAG/FOGO
PRIMQUART.	Out 20 2004	21:58	CAPR/TERRA
GIBOSA	Out 24 2004	09:57	PEIX/ÁGUA
CHEIA	Out 28 2004	03:07	TOU/TERRA
MING.	Nov 1 2004	02:51	GÊM/AR
ÚLTQUARTO	Nov 5 2004	05:53	LEÃO/FOGO
BALSÂM.	Nov 9 2004	03:04	LIBRA/AR
NOVA	Nov 12 2004	14:26	ESC/ÁGUA
CRESC.	Nov 15 2004	20:53	CAPR/TERRA
PRIMQUART.	Nov 19 2004	05:50	AQU/AR
GIBOSA	Nov 22 2004	21:41	ÁRIES/FOGO
CHEIA	Nov 26 2004	20:07	GÊM/AR
MING.	Nov 30 2004	22:50	CÂN/ÁGUA
ÚLTQUARTO	Dez 5 2004	00:51	VIRG/TERRA
BALSÂM.	Dez 8 2004	18:10	ESC/ÁGUA
NOVA	Dez 12 2004	01:28	SAG/FOGO
CRESC.	Dez 15 2004	06:01	AQU/AR
PRIMQUART.	Dez 18 2004	16:39	PEIX/ÁGUA
GIBOSA	Dez 22 2004	12:58	TOU/TERRA
CHEIA	Dez 26 2004	15:06	CÂN/ÁGUA
MING.	Dez 30 2004	18:22	LEÃO/FOGO

Tabela da Lua 2005

FASE	DATA	GMT	SIGN/ELEM	FASE	DATA	GMT	SIGN/ELEM
ÚLTQUARTO	Jan 3 2005	17:45	LIBRA/AR	BALSÂM.	Jul 2 2005	12:10	TOU/TERRA
BALSÂM.	Jan 7 2005	07:11	SAG/FOGO	NOVA	Jul 6 2005	12:02	CÂN/ÁGUA
NOVA	Jan 10 2005	12:02	CAPR/TERRA	CRESC.	Jul 10 2005	14:55	VIRG/TERRA
CRESC.	Jan 13 2005	17:00	PEIX/ÁGUA	PRIMQUART.	Jul 14 2005	15:18	LIBRA/AR
PRIMQUART.	Jan 17 2005	06:57	ÁRIES/FOGO	GIBOSA	Jul 18 2005	05:45	SAG/FOGO
GIBOSA	Jan 21 2005	07:07	GÊM/AR	CHEIA	Jul 21 2005	11:00	CAPR/TERRA
CHEIA	Jan 25 2005	10:32	LEÃO/FOGO	GIBOSA	Jul 24 2005	15:25	PEIX/ÁGUA
MING.	Jan 29 2005	11:53	VIRG/TERRA	ÚLTQUARTO	Jul 28 2005	03:19	TOU/TERRA
ÚLTQUARTO	Fev 2 2005	07:26	ESC/ÁGUA	BALSÂM.	Ag 1 2005	00:43	GÊM/AR
BALSÂM.	Fev 5 2005	17:49	CAPR/TERRA	NOVA	Ag 5 2005	03:04	LEÃO/FOGO
NOVA	Fev 8 2005	22:28	AQU/AR	CRESC.	Ag 9 2005	05:35	LIBRA/AR
CRESC.	Fev 12 2005	06:09	ÁRIES/FOGO	PRIMQUART.	Ag 13 2005	02:37	ESC/ÁGUA
PRIMQUART.	Fev 16 2005	00:16	TOU/TERRA	MING.	Ag 16 2005	13:36	CAPR/TERRA
GIBOSA	Fev 20 2005	02:45	CÂN/ÁGUA	CHEIA	Ag 19 2005	17:53	AQU/AR
CHEIA	Fev 24 2005	04:53	VIRG/TERRA	GIBOSA	Ag 23 2005	00:01	ÁRIES/FOGO
MING.	Fev 28 2005	02:19	LIBRA/AR	ÚLTQUARTO	Ag 26 2005	15:19	GÊM/AR
				BALSÂM.	Ag 30 2005	15:47	CÂN/ÁGUA
ÚLTQUARTO	Mar 3 2005	17:36	SAG/FOGO				
BALSÂM.	Mar 7 2005	02:26	AQU/AR	NOVA	Set 3 2005	18:45	VIRG/TERRA
NOVA	Mar 10 2005	09:11	PEIX/ÁGUA	CRESC.	Set 7 2005	18:36	ESC/ÁGUA
CRESC.	Mar 13 2005	21:17	TOU/TERRA	PRIMQUART.	Set 11 2005	11:35	SAG/FOGO
PRIMQUART.	Mar 17 2005	19:18	GÊM/AR	MING.	Set 14 2005	20:36	AQU/AR
GIBOSA	Mar 21 2005	22:11	LEÃO/FOGO	CHEIA	Set 18 2005	02:01	PEIX/ÁGUA
CHEIA	Mar 25 2005	20:57	LIBRA/AR	GIBOSA	Set 21 2005	11:28	TOU/TERRA
MING.	Mar 29 2005	13:16	ESC/ÁGUA	ÚLTQUARTO	Set 25 2005	06:40	CÂN/TERRA
				BALSÂM.	Set 29 2005	09:13	LEÃO/FOGO
ÚLTQUARTO	Abr 2 2005	00:49	CAPR/TERRA				
BALSÂM.	Abr 5 2005	09:56	PEIX/ÁGUA	NOVA	Out 3 2005	10:27	LIBRA/AR
NOVA	Abr 8 2005	20:32	ÁRIES/FOGO	CRESC.	Out 7 2005	05:45	ESC/ÁGUA
CRESC.	Abr 12 2005	13:38	GÊM/AR	PRIMQUART.	Out 10 2005	19:00	CAPR/TERRA
PRIMQUART.	Abr 16 2005	14:37	CÂN/ÁGUA	MING.	Out 14 2005	03:50	PEIX/ÁGUA
GIBOSA	Abr 20 2005	16:05	VIRG/TERRA	CHEIA	Out 17 2005	12:14	ÁRIES/FOGO
CHEIA	Abr 24 2005	10:05	ESC/ÁGUA	GIBOSA	Out 21 2005	02:09	GÊM/AR
MING.	Abr 27 2005	21:14	SAG/FOGO	ÚLTQUARTO	Out 25 2005	01:16	LEÃO/FOGO
				BALSÂM.	Out 29 2005	04:12	VIRG/TERRA
ÚLTQUARTO	Mai 1 2005	06:23	AQU/AR				
BALSÂM.	Mai 4 2005	17:25	PEIX/ÁGUA	NOVA	Nov 2 2005	01:23	ESC/ÁGUA
NOVA	Mai 8 2005	08:45	TOU/TERRA	CRESC.	Nov 5 2005	15:21	SAG/FOGO
CRESC.	Mai 12 2005	06:26	CÂN/ÁGUA	PRIMQUART.	Nov 9 2005	01:56	AQU/AR
PRIMQUART.	Mai 16 2005	08:55	LEÃO/FOGO	GIBOSA	Nov 12 2005	12:17	ÁRIES/FOGO
GIBOSA	Mai 20 2005	07:28	LIBRA/AR	CHEIA	Nov 16 2005	00:58	TOU/TERRA
CHEIA	Mai 23 2005	20:17	SAG/FOGO	MING.	Nov 19 2005	19:53	CÂN/ÁGUA
MING.	Mai 27 2005	03:19	CAPR/TERRA	ÚLTQUARTO	Nov 23 2005	22:10	VIRG/TERRA
ÚLTQUARTO	Mai 30 2005	11:47	PEIX/ÁGUA	BALSÂM.	Nov 27 2005	23:16	LIBRA/AR
BALSÂM.	Jun 3 2005	01:55	ÁRIES/FOGO	NOVA	Dez 1 2005	14:59	SAG/FOGO
NOVA	Jun 6 2005	21:55	GÊM/AR	CRESC.	Dez 5 2005	00:12	CAPR/TERRA
CRESC.	Jun 10 2005	23:02	LEÃO/FOGO	PRIMQUART.	Dez 8 2005	09:36	PEIX/ÁGUA
PRIMQUART.	Jun 15 2005	01:20	VIRG/TERRA	GIBOSA	Dez 11 2005	22:42	TOU/TERRA
GIBOSA	Jun 18 2005	19:57	ESC/ÁGUA	CHEIA	Dez 15 2005	16:15	GÊM/AR
CHEIA	Jun 22 2005	04:13	CAPR/TERRA	MING.	Dez 19 2005	15:57	LEÃO/FOGO
MING.	Jun 25 2005	08:55	AQU/AR	ÚLTQUARTO	Dez 23 2005	19:35	LIBRA/AR
ÚLTQUARTO	Jun 28 2005	18:23	ÁRIES/FOGO	BALSÂM.	Dez 27 2005	16:49	ESC/ÁGUA
				NOVA	Dez 31 2005	03:10	CAPR/TERRA

Tabela da Lua 2006

FASE	DATA	GMT	SIGN/ELEM
CRESC.	Jan 3 2006	09:13	AQU/AR
PRIMQUART.	Jan 6 2006	18:56	ÁRIES/FOGO
GIBOSA	Jan 10 2006	11:28	GÊM/AR
CHEIA	Jan 14 2006	09:48	CÂN/ÁGUA
MING.	Jan 18 2006	12:50	VIRG/TERRA
ÚLTQUARTO	Jan 22 2006	15:12	ESC/ÁGUA
BALSÂM.	Jan 26 2006	07:42	SAG/FOGO
NOVA	Jan 29 2006	14:14	AQU/AR
CRESC.	Fev 1 2006	19:08	PEIX/ÁGUA
PRIMQUART.	Fev 5 2006	06:28	TOU/TERRA
GIBOSA	Fev 9 2006	02:41	CÂN/ÁGUA
CHEIA	Fev 13 2006	04:44	LEÃO/FOGO
MING.	Fev 17 2006	08:25	LIBRA/AR
ÚLTQUARTO	Fev 21 2006	07:16	SAG/FOGO
BALSÂM.	Fev 24 2006	19:38	CAPR/TERRA
NOVA	Fev 28 2006	00:30	PEIX/ÁGUA
CRESC.	Mar 3 2006	06:13	ÁRIES/FOGO
PRIMQUART.	Mar 6 2006	20:16	GÊM/AR
GIBOSA	Mar 10 2006	19:57	LEÃO/FOGO
CHEIA	Mar 14 2006	23:35	VIRG/TERRA
MING.	Mar 19 2006	00:49	ESC/ÁGUA
ÚLTQUARTO	Mar 22 2006	19:09	CAPR/TERRA
BALSÂM.	Mar 26 2006	05:00	AQU/AR
NOVA	Mar 29 2006	10:15	ÁRIES/FOGO
CRESC.	Abr 1 2006	18:23	TOU/TERRA
PRIMQUART.	Abr 5 2006	12:01	CÂN/ÁGUA
GIBOSA	Abr 9 2006	14:18	VIRG/TERRA
CHEIA	Abr 13 2006	16:39	LIBRA/AR
MING.	Abr 17 2006	13:14	SAG/FOGO
ÚLTQUARTO	Abr 21 2006	03:27	AQU/AR
BALSÂM.	Abr 24 2006	12:27	PEIX/ÁGUA
NOVA	Abr 27 2006	19:44	TOU/TERRA
CRESC.	Mai 1 2006	07:36	GÊM/AR
PRIMQUART.	Mai 5 2006	05:12	LEÃO/FOGO
GIBOSA	Mai 9 2006	08:21	LIBRA/AR
CHEIA	Mai 13 2006	06:50	ESC/ÁGUA
MING.	Mai 16 2006	22:07	CAPR/TERRA
ÚLTQUARTO	Mai 20 2006	09:20	AQU/AR
BALSÂM.	Mai 23 2006	18:53	ÁRIES/FOGO
NOVA	Mai 27 2006	05:25	GÊM/AR
CRESC.	Mai 30 2006	21:59	CÂN/ÁGUA
PRIMQUART.	Jun 3 2006	23:05	VIRG/TERRA
GIBOSA	Jun 8 2006	00:45	ESC/ÁGUA
CHEIA	Jun 11 2006	18:02	SAG/FOGO
MING.	Jun 15 2006	04:38	AQU/AR
ÚLTQUARTO	Jun 18 2006	14:08	PEIX/ÁGUA
BALSÂM.	Jun 22 2006	01:21	TOU/TERRA
NOVA	Jun 25 2006	16:05	CÂN/ÁGUA
CRESC.	Jun 29 2006	13:36	LEÃO/FOGO

FASE	DATA	GMT	SIGN/ELEM
PRIMQUART.	Jul 3 2006	16:36	LIBRA/AR
GIBOSA	Jul 7 2006	14:51	SAG/FOGO
CHEIA	Jul 11 2006	03:01	CAPR/TERRA
MING.	Jul 14 2006	10:14	PEIX/ÁGUA
ÚLTQUARTO	Jul 17 2006	19:12	ÁRIES/FOGO
BALSÂM.	Jul 21 2006	09:01	GÊM/AR
NOVA	Jul 25 2006	04:31	LEÃO/FOGO
CRESC.	Jul 29 2006	06:07	VIRG/TERRA
PRIMQUART.	Ag 2 2006	08:44	ESC/ÁGUA
GIBOSA	Ag 6 2006	02:44	SAG/FOGO
CHEIA	Ag 9 2006	10:53	AQU/AR
MING.	Ag 12 2006	16:11	ÁRIES/FOGO
ÚLTQUARTO	Ag 16 2006	01:51	TOU/TERRA
BALSÂM.	Ag 19 2006	19:06	CÂN/ÁGUA
NOVA	Ag 23 2006	19:09	VIRG/TERRA
CRESC.	Ag 27 2006	22:45	LIBRA/AR
PRIMQUART.	Ag 31 2006	22:54	SAG/FOGO
GIBOSA	Set 4 2006	12:58	CAPR/TERRA
CHEIA	Set 7 2006	18:42	PEIX/ÁGUA
MING.	Set 10 2006	23:37	TOU/TERRA
ÚLTQUARTO	Set 14 2006	11:16	GÊM/AR
BALSÂM.	Set 18 2006	08:35	LEÃO/FOGO
NOVA	Set 22 2006	11:44	VIRG/TERRA
CRESC.	Set 26 2006	14:28	ESC/ÁGUA
PRIMQUART.	Set 30 2006	11:02	CAPR/TERRA
GIBOSA	Out 3 2006	22:16	AQU/AR
CHEIA	Out 7 2006	03:12	ÁRIES/FOGO
MING.	Out 10 2006	09:22	GÊM/AR
ÚLTQUARTO	Out 14 2006	00:26	CÂN/ÁGUA
BALSÂM.	Out 18 2006	01:37	VIRG/TERRA
NOVA	Out 22 2006	05:13	LIBRA/AR
CRESC.	Out 26 2006	04:34	SAG/FOGO
PRIMQUART.	Out 29 2006	21:24	AQU/AR
GIBOSA	Nov 2 2006	07:10	PEIX/ÁGUA
CHEIA	Nov 5 2006	12:58	TOU/TERRA
MING.	Nov 8 2006	22:10	CÂN/ÁGUA
ÚLTQUARTO	Nov 12 2006	17:45	LEÃO/FOGO
BALSÂM.	Nov 16 2006	21:17	LIBRA/AR
NOVA	Nov 20 2006	22:17	ESC/ÁGUA
CRESC.	Nov 24 2006	16:51	CAPR/TERRA
PRIMQUART.	Nov 28 2006	06:28	PEIX/ÁGUA
GIBOSA	Dez 1 2006	16:02	ÁRIES/FOGO
CHEIA	Dez 5 2006	00:25	GÊM/AR
MING.	Dez 8 2006	14:23	LEÃO/FOGO
ÚLTQUARTO	Dez 12 2006	14:31	VIRG/TERRA
BALSÂM.	Dez 16 2006	17:47	ESC/ÁGUA
NOVA	Dez 20 2006	13:59	SAG/FOGO
CRESC.	Dez 24 2006	03:37	AQU/AR
PRIMQUART.	Dez 27 2006	14:47	ÁRIES/FOGO
GIBOSA	Dez 31 2006	01:22	TOU/TERRA

Tabela da Lua 2007

FASE	DATA	GMT	SIGN/ELEM
CHEIA	Jan 3 2007	13:58	CÂN/ÁGUA
MING.	Jan 7 2007	09:38	VIRG/TERRA
ÚLTQUARTO	Jan 11 2007	12:44	LIBRA/AR
BALSÂM.	Jan 15 2007	13:06	SAG/FOGO
NOVA	Jan 19 2007	03:59	CAPR/TERRA
CRESC.	Jan 22 2007	13:22	PEIX/ÁGUA
PRIMQUART.	Jan 25 2007	23:01	TOU/TERRA
GIBOSA	Jan 29 2007	11:51	GÊM/AR
CHEIA	Fev 2 2007	05:45	LEÃO/FOGO
MING.	Fev 6 2007	06:26	LIBRA/AR
ÚLTQUARTO	Fev 10 2007	09:50	ESC/ÁGUA
BALSÂM.	Fev 14 2007	06:00	CAPR/TERRA
NOVA	Fev 17 2007	16:13	AQU/AR
CRESC.	Fev 20 2007	22:33	ÁRIES/FOGO
PRIMQUART.	Fev 24 2007	07:56	GÊM/AR
GIBOSA	Fev 28 2007	00:12	CÂN/ÁGUA
CHEIA	Mar 3 2007	23:17	VIRG/TERRA
MING.	Mar 8 2007	02:37	ESC/ÁGUA
ÚLTQUARTO	Mar 12 2007	03:53	SAG/FOGO
BALSÂM.	Mar 15 2007	19:50	AQU/AR
NOVA	Mar 19 2007	02:42	PEIX/ÁGUA
CRESC.	Mar 22 2007	07:32	TOU/TERRA
PRIMQUART.	Mar 25 2007	18:16	CÂN/ÁGUA
GIBOSA	Mar 29 2007	14:39	LEÃO/FOGO
CHEIA	Abr 2 2007	17:15	LIBRA/AR
MING.	Abr 6 2007	20:12	SAG/FOGO
ÚLTQUARTO	Abr 10 2007	18:03	CAPR/TERRA
BALSÂM.	Abr 14 2007	06:34	PEIX/ÁGUA
NOVA	Abr 17 2007	11:36	ÁRIES/FOGO
CRESC.	Abr 20 2007	16:49	GÊM/AR
PRIMQUART.	Abr 24 2007	06:35	LEÃO/FOGO
GIBOSA	Abr 28 2007	06:46	VIRG/TERRA
CHEIA	Mai 2 2007	10:09	ESC/ÁGUA
MING.	Mai 6 2007	10:20	CAPR/TERRA
ÚLTQUARTO	Mai 10 2007	04:26	AQU/AR
BALSÂM.	Mai 13 2007	14:31	ÁRIES/FOGO
NOVA	Mai 16 2007	19:27	TOU/TERRA
CRESC.	Mai 20 2007	03:08	CÂN/ÁGUA
PRIMQUART.	Mai 23 2007	21:03	VIRG/TERRA
GIBOSA	Mai 27 2007	23:32	LIBRA/AR
CHEIA	Jun 1 2007	01:02	SAG/FOGO
MING.	Jun 4 2007	21:10	CAPR/TERRA
ÚLTQUARTO	Jun 8 2007	11:41	PEIX/ÁGUA
BALSÂM.	Jun 11 2007	20:34	TOU/TERRA
NOVA	Jun 15 2007	03:13	GÊM/AR
CRESC.	Jun 18 2007	15:07	LEÃO/FOGO
PRIMQUART.	Jun 22 2007	13:15	LIBRA/AR
GIBOSA	Jun 26 2007	15:59	ESC/ÁGUA
CHEIA	Jun 30 2007	13:47	CAPR/TERRA

FASE	DATA	GMT	SIGN/ELEM
MING.	Jul 4 2007	05:23	AQU/AR
ÚLTQUARTO	Jul 7 2007	16:53	ÁRIES/FOGO
BALSÂM.	Jul 11 2007	01:53	GÊM/AR
NOVA	Jul 14 2007	12:04	CÂN/ÁGUA
CRESC.	Jul 18 2007	05:10	VIRG/TERRA
PRIMQUART.	Jul 22 2007	06:28	LIBRA/AR
GIBOSA	Jul 26 2007	07:29	SAG/FOGO
CHEIA	Jul 30 2007	00:46	AQU/AR
MING.	Ag 2 2007	11:58	PEIX/ÁGUA
ÚLTQUARTO	Ag 5 2007	21:19	TOU/TERRA
BALSÂM.	Ag 9 2007	08:00	CÂN/ÁGUA
NOVA	Ag 12 2007	23:03	LEÃO/FOGO
CRESC.	Ag 16 2007	21:12	LIBRA/AR
PRIMQUART.	Ag 20 2007	23:53	ESC/ÁGUA
GIBOSA	Ag 24 2007	21:52	CAPR/TERRA
CHEIA	Ag 28 2007	10:34	PEIX/ÁGUA
MING.	Ag 31 2007	18:01	ÁRIES/FOGO
ÚLTQUARTO	Set 4 2007	02:33	GÊM/AR
BALSÂM.	Set 7 2007	16:23	CÂN/ÁGUA
NOVA	Set 11 2007	12:44	VIRG/TERRA
CRESC.	Set 15 2007	14:33	ESC/ÁGUA
PRIMQUART.	Set 19 2007	16:47	SAG/FOGO
GIBOSA	Set 23 2007	11:08	AQU/AR
CHEIA	Set 26 2007	19:44	ÁRIES/FOGO
MING.	Set 30 2007	00:43	TOU/TERRA
ÚLTQUARTO	Out 3 2007	10:07	CÂN/ÁGUA
BALSÂM.	Out 7 2007	04:12	LEÃO/FOGO
NOVA	Out 11 2007	05:00	LIBRA/AR
CRESC.	Out 15 2007	08:17	SAG/FOGO
PRIMQUART.	Out 19 2007	08:31	CAPR/TERRA
GIBOSA	Out 22 2007	23:14	PEIX/ÁGUA
CHEIA	Out 26 2007	04:51	TOU/TERRA
MING.	Out 29 2007	09:15	GÊM/AR
ÚLTQUARTO	Nov 1 2007	21:19	LEÃO/FOGO
BALSÂM.	Nov 5 2007	19:48	VIRG/TERRA
NOVA	Nov 9 2007	23:03	ESC/ÁGUA
CRESC.	Nov 14 2007	01:24	CAPR/TERRA
PRIMQUART.	Nov 17 2007	22:31	AQU/AR
GIBOSA	Nov 21 2007	10:03	ÁRIES/FOGO
CHEIA	Nov 24 2007	14:30	GÊM/AR
MING.	Nov 27 2007	20:36	CÂN/ÁGUA
ÚLTQUARTO	Dez 1 2007	12:45	VIRG/TERRA
BALSÂM.	Dez 5 2007	14:35	LIBRA/AR
NOVA	Dez 9 2007	17:40	SAG/FOGO
CRESC.	Dez 13 2007	17:00	AQU/AR
PRIMQUART.	Dez 17 2007	10:16	PEIX/ÁGUA
GIBOSA	Dez 20 2007	19:45	TOU/TERRA
CHEIA	Dez 24 2007	01:16	CÂN/ÁGUA
MING.	Dez 27 2007	11:14	LEÃO/FOGO
ÚLTQUARTO	Dez 31 2007	07:51	LIBRA/AR

TABELA DA LUA 2008

FASE	DATA	GMT	SIGN/ELEM
BALSÂM.	Jan 4 2008	11:06	ESC/ÁGUA
NOVA	Jan 8 2008	11:36	CAPR/TERRA
CRESC.	Jan 12 2008	06:21	PEIX/ÁGUA
PRIMQUART.	Jan 15 2008	19:45	ÁRIES/FOGO
GIBOSA	Jan 19 2008	04:46	GÊM/AR
CHEIA	Jan 22 2008	13:35	LEÃO/FOGO
MING.	Jan 26 2008	04:43	VIRG/TERRA
ÚLTQUARTO	Jan 30 2008	05:02	ESC/ÁGUA
BALSÂM.	Fev 3 2008	07:35	SAG/FOGO
NOVA	Fev 7 2008	03:43	AQU/AR
CRESC.	Fev 10 2008	17:12	ÁRIES/FOGO
PRIMQUART.	Fev 14 2008	03:33	TOU/TERRA
GIBOSA	Fev 17 2008	13:56	CÂN/ÁGUA
CHEIA	Fev 21 2008	03:31	VIRG/TERRA
MING.	Fev 24 2008	23:50	LIBRA/AR
ÚLTQUARTO	Fev 29 2008	02:18	SAG/FOGO
BALSÂM.	Mar 4 2008	02:17	CAPR/TERRA
NOVA	Mar 7 2008	17:14	PEIX/ÁGUA
CRESC.	Mar 11 2008	01:55	TOU/TERRA
PRIMQUART.	Mar 14 2008	10:46	GÊM/AR
GIBOSA	Mar 17 2008	23:58	LEÃO/FOGO
CHEIA	Mar 21 2008	18:40	LIBRA/AR
MING.	Mar 25 2008	19:02	ESC/ÁGUA
ÚLTQUARTO	Mar 29 2008	21:46	CAPR/TERRA
BALSÂM.	Abr 2 2008	18:00	AQU/AR
NOVA	Abr 6 2008	03:54	ÁRIES/FOGO
CRESC.	Abr 9 2008	09:23	GÊM/AR
PRIMQUART.	Abr 12 2008	18:32	CÂN/ÁGUA
GIBOSA	Abr 16 2008	11:24	VIRG/TERRA
CHEIA	Abr 20 2008	10:26	ESC/ÁGUA
MING.	Abr 24 2008	13:00	SAG/FOGO
ÚLTQUARTO	Abr 28 2008	14:11	AQU/AR
BALSÂM.	Mai 2 2008	06:08	PEIX/ÁGUA
NOVA	Mai 5 2008	12:18	TOU/TERRA
CRESC.	Mai 8 2008	16:39	CÂN/ÁGUA
PRIMQUART.	Mai 12 2008	03:48	LEÃO/FOGO
GIBOSA	Mai 16 2008	00:21	LIBRA/AR
CHEIA	Mai 20 2008	02:11	ESC/ÁGUA
MING.	Mai 24 2008	04:50	CAPR/TERRA
ÚLTQUARTO	Mai 28 2008	02:55	PEIX/ÁGUA
BALSÂM.	Mai 31 2008	14:58	ÁRIES/FOGO
NOVA	Jun 3 2008	19:22	GÊM/AR
CRESC.	Jun 7 2008	00:48	LEÃO/FOGO
PRIMQUART.	Jun 10 2008	15:04	VIRG/TERRA
GIBOSA	Jun 14 2008	14:45	ESC/ÁGUA
CHEIA	Jun 18 2008	17:30	SAG/FOGO
MING.	Jun 22 2008	18:03	AQU/AR
ÚLTQUARTO	Jun 26 2008	12:08	ÁRIES/FOGO
BALSÂM.	Jun 29 2008	21:32	TOU/TERRA

FASE	DATA	GMT	SIGN/ELEM
NOVA	Jul 3 2008	02:19	CÂN/ÁGUA
CRESC.	Jul 6 2008	10:36	LEÃO/FOGO
PRIMQUART.	Jul 10 2008	04:35	LIBRA/AR
GIBOSA	Jul 14 2008	06:22	SAG/FOGO
CHEIA	Jul 18 2008	07:58	CAPR/TERRA
MING.	Jul 22 2008	04:34	PEIX/ÁGUA
ÚLTQUARTO	Jul 25 2008	18:41	TOU/TERRA
BALSÂM.	Jul 29 2008	03:06	GÊM/AR
NOVA	Ag 1 2008	10:13	LEÃO/FOGO
CRESC.	Ag 4 2008	22:37	VIRG/TERRA
PRIMQUART.	Ag 8 2008	20:20	ESC/ÁGUA
GIBOSA	Ag 12 2008	22:51	CAPR/TERRA
CHEIA	Ag 16 2008	21:15	AQU/AR
MING.	Ag 20 2008	12:51	ÁRIES/FOGO
ÚLTQUARTO	Ag 23 2008	23:49	GÊM/AR
BALSÂM.	Ag 27 2008	09:02	CÂN/ÁGUA
NOVA	Ag 30 2008	19:58	VIRG/TERRA
CRESC.	Set 3 2008	13:07	LIBRA/AR
PRIMQUART.	Set 7 2008	14:04	SAG/FOGO
GIBOSA	Set 11 2008	15:35	AQU/AR
CHEIA	Set 15 2008	09:12	PEIX/ÁGUA
MING.	Set 18 2008	19:52	TOU/TERRA
ÚLTQUARTO	Set 22 2008	05:04	GÊM/AR
BALSÂM.	Set 25 2008	16:36	LEÃO/FOGO
NOVA	Set 29 2008	08:12	LIBRA/AR
CRESC.	Out 3 2008	06:05	ESC/ÁGUA
PRIMQUART.	Out 7 2008	09:03	CAPR/TERRA
GIBOSA	Out 11 2008	07:42	PEIX/ÁGUA
CHEIA	Out 14 2008	20:02	ÁRIES/FOGO
MING.	Out 18 2008	02:53	GÊM/AR
ÚLTQUARTO	Out 21 2008	11:55	CÂN/ÁGUA
BALSÂM.	Out 25 2008	02:47	VIRG/TERRA
NOVA	Out 28 2008	23:14	ESC/ÁGUA
CRESC.	Nov 2 2008	01:01	SAG/FOGO
PRIMQUART.	Nov 6 2008	04:02	AQU/AR
GIBOSA	Nov 9 2008	22:28	ÁRIES/FOGO
CHEIA	Nov 13 2008	06:17	TOU/TERRA
MING.	Nov 16 2008	11:11	CÂN/ÁGUA
ÚLTQUARTO	Nov 19 2008	21:32	LEÃO/FOGO
BALSÂM.	Nov 23 2008	16:13	LIBRA/AR
NOVA	Nov 27 2008	16:55	SAG/FOGO
CRESC.	Dez 1 2008	20:41	CAPR/TERRA
PRIMQUART.	Dez 5 2008	21:24	PEIX/ÁGUA
GIBOSA	Dez 9 2008	11:28	TOU/TERRA
CHEIA	Dez 12 2008	16:37	GÊM/AR
MING.	Dez 15 2008	21:37	LEÃO/FOGO
ÚLTQUARTO	Dez 19 2008	10:31	VIRG/TERRA
BALSÂM.	Dez 23 2008	09:00	ESC/ÁGUA
NOVA	Dez 27 2008	12:22	CAPR/TERRA
CRESC.	Dez 31 2008	15:16	AQU/AR

TABELA DA LUA 2009

FASE	DATA	GMT	SIGN/ELEM
PRIMQUART.	Jan 4 2009	11:55	ÁRIES/FOGO
GIBOSA	Jan 7 2009	22:42	GÊM/AR
CHEIA	Jan 11 2009	03:27	CÂN/ÁGUA
MING.	Jan 14 2009	10:26	VIRG/TERRA
ÚLTQUARTO	Jan 18 2009	02:47	LIBRA/AR
BALSÂM.	Jan 22 2009	04:27	SAG/FOGO
NOVA	Jan 26 2009	07:55	AQU/AR
CRESC.	Jan 30 2009	07:01	PEIX/ÁGUA
PRIMQUART.	Fev 2 2009	23:12	TOU/TERRA
GIBOSA	Fev 6 2009	08:28	CÂN/ÁGUA
CHEIA	Fev 9 2009	14:49	LEÃO/FOGO
MING.	Fev 13 2009	01:17	LIBRA/AR
ÚLTQUARTO	Fev 16 2009	21:38	ESC/ÁGUA
BALSÂM.	Fev 21 2009	01:00	CAPR/TERRA
NOVA	Fev 25 2009	01:34	PEIX/ÁGUA
CRESC.	Fev 28 2009	19:16	ÁRIES/FOGO
PRIMQUART.	Mar 4 2009	07:45	GÊM/AR
GIBOSA	Mar 7 2009	17:11	LEÃO/FOGO
CHEIA	Mar 11 2009	02:38	VIRG/TERRA
MING.	Mar 14 2009	17:37	ESC/ÁGUA
ÚLTQUARTO	Mar 18 2009	17:47	SAG/FOGO
BALSÂM.	Mar 22 2009	20:35	AQU/AR
NOVA	Mar 26 2009	16:05	ÁRIES/FOGO
CRESC.	Mar 30 2009	04:25	TOU/TERRA
PRIMQUART.	Abr 2 2009	14:34	CÂN/ÁGUA
GIBOSA	Abr 6 2009	01:26	VIRG/TERRA
CHEIA	Abr 9 2009	14:56	LIBRA/AR
MING.	Abr 13 2009	10:54	SAG/FOGO
ÚLTQUARTO	Abr 17 2009	13:36	CAPR/TERRA
BALSÂM.	Abr 21 2009	13:26	PEIX/ÁGUA
NOVA	Abr 25 2009	03:22	TOU/TERRA
CRESC.	Abr 28 2009	11:34	GÊM/AR
PRIMQUART.	Mai 1 2009	20:45	LEÃO/FOGO
GIBOSA	Mai 5 2009	09:57	LIBRA/AR
CHEIA	Mai 9 2009	04:02	ESC/ÁGUA
MING.	Mai 13 2009	04:24	CAPR/TERRA
ÚLTQUARTO	Mai 17 2009	07:26	AQU/AR
BALSÂM.	Mai 21 2009	02:55	ÁRIES/FOGO
NOVA	Mai 24 2009	12:10	GÊM/AR
CRESC.	Mai 27 2009	17:54	CÂN/ÁGUA
PRIMQUART.	Mai 31 2009	03:23	VIRG/TERRA
GIBOSA	Jun 3 2009	19:37	LIBRA/AR
CHEIA	Jun 7 2009	18:12	SAG/FOGO
MING.	Jun 11 2009	21:13	AQU/AR
ÚLTQUARTO	Jun 15 2009	22:13	PEIX/ÁGUA
BALSÂM.	Jun 19 2009	13:21	TOU/TERRA
NOVA	Jun 22 2009	19:35	CÂN/ÁGUA
CRESC.	Jun 26 2009	00:31	LEÃO/FOGO
PRIMQUART.	Jun 29 2009	11:30	LIBRA/AR

FASE	DATA	GMT	SIGN/ELEM
GIBOSA	Jul 3 2009	07:19	ESC/ÁGUA
CHEIA	Jul 7 2009	09:22	CAPR/TERRA
MING.	Jul 11 2009	12:23	PEIX/ÁGUA
ÚLTQUARTO	Jul 15 2009	09:52	ÁRIES/FOGO
BALSÂM.	Jul 18 2009	21:37	GÊM/AR
NOVA	Jul 22 2009	02:34	CÂN/ÁGUA
CRESC.	Jul 25 2009	08:17	VIRG/TERRA
PRIMQUART.	Jul 28 2009	22:01	ESC/ÁGUA
GIBOSA	Ag 1 2009	21:32	SAG/FOGO
CHEIA	Ag 6 2009	00:54	AQU/AR
MING.	Ag 10 2009	01:18	ÁRIES/FOGO
ÚLTQUARTO	Ag 13 2009	18:55	TOU/TERRA
BALSÂM.	Ag 17 2009	04:41	CÂN/ÁGUA
NOVA	Ag 20 2009	10:02	LEÃO/FOGO
CRESC.	Ag 23 2009	18:04	LIBRA/AR
PRIMQUART.	Ag 27 2009	11:43	SAG/FOGO
GIBOSA	Ag 31 2009	14:06	CAPR/TERRA
CHEIA	Set 4 2009	16:02	PEIX/ÁGUA
MING.	Set 8 2009	12:04	TOU/TERRA
ÚLTQUARTO	Set 12 2009	02:15	GÊM/AR
BALSÂM.	Set 15 2009	11:27	LEÃO/FOGO
NOVA	Set 18 2009	18:44	VIRG/TERRA
CRESC.	Set 22 2009	06:43	ESC/ÁGUA
PRIMQUART.	Set 26 2009	04:49	CAPR/TERRA
GIBOSA	Set 30 2009	08:08	AQU/AR
CHEIA	Out 4 2009	06:10	ÁRIES/FOGO
MING.	Out 7 2009	21:18	TOU/TERRA
ÚLTQUARTO	Out 11 2009	08:55	CÂN/ÁGUA
BALSÂM.	Out 14 2009	18:48	VIRG/TERRA
NOVA	Out 18 2009	05:33	LIBRA/AR
CRESC.	Out 21 2009	22:46	SAG/FOGO
PRIMQUART.	Out 26 2009	00:42	AQU/AR
GIBOSA	Out 30 2009	02:21	PEIX/ÁGUA
CHEIA	Nov 2 2009	19:13	TOU/TERRA
MING.	Nov 6 2009	05:56	GÊM/AR
ÚLTQUARTO	Nov 9 2009	15:56	LEÃO/FOGO
BALSÂM.	Nov 13 2009	03:41	LIBRA/AR
NOVA	Nov 16 2009	19:14	ESC/ÁGUA
CRESC.	Nov 20 2009	17:56	CAPR/TERRA
PRIMQUART.	Nov 24 2009	21:38	PEIX/ÁGUA
GIBOSA	Nov 28 2009	19:39	ÁRIES/FOGO
CHEIA	Dez 2 2009	07:30	GÊM/AR
MING.	Dez 5 2009	14:49	CÂN/ÁGUA
ÚLTQUARTO	Dez 9 2009	00:14	VIRG/TERRA
BALSÂM.	Dez 12 2009	15:01	ESC/ÁGUA
NOVA	Dez 16 2009	12:03	SAG/FOGO
CRESC.	Dez 20 2009	14:50	AQU/AR
PRIMQUART.	Dez 24 2009	17:36	ÁRIES/FOGO
GIBOSA	Dez 28 2009	11:14	TOU/TERRA
CHEIA	Dez 31 2009	19:13	CÂN/ÁGUA

TABELA DA LUA 2010

FASE	DATA	GMT	SIGN/ELEM
MING.	Jan 4 2010	00:28	LEÃO/FOGO
ÚLTQUARTO	Jan 7 2010	10:40	LIBRA/AR
BALSÂM.	Jan 11 2010	05:29	SAG/FOGO
NOVA	Jan 15 2010	07:10	CAPR/TERRA
CRESC.	Jan 19 2010	11:07	PEIX/ÁGUA
PRIMQUART.	Jan 23 2010	10:51	TOU/TERRA
GIBOSA	Jan 27 2010	00:41	GÊM/AR
CHEIA	Jan 30 2010	06:16	LEÃO/FOGO
MING.	Fev 2 2010	11:13	VIRG/TERRA
ÚLTQUARTO	Fev 5 2010	23:49	ESC/ÁGUA
BALSÂM.	Fev 9 2010	22:55	CAPR/TERRA
NOVA	Fev 14 2010	02:50	AQU/AR
CRESC.	Fev 18 2010	04:50	ÁRIES/FOGO
PRIMQUART.	Fev 22 2010	00:40	GÊM/AR
GIBOSA	Fev 25 2010	11:43	CÂN/ÁGUA
CHEIA	Fev 28 2010	16:37	VIRG/TERRA
MING.	Mar 3 2010	23:14	LIBRA/AR
ÚLTQUARTO	Mar 7 2010	15:42	SAG/FOGO
BALSÂM.	Mar 11 2010	18:02	AQU/AR
NOVA	Mar 15 2010	21:00	PEIX/ÁGUA
CRESC.	Mar 19 2010	18:58	TOU/TERRA
PRIMQUART.	Mar 23 2010	10:58	CÂN/ÁGUA
GIBOSA	Mar 26 2010	20:25	LEÃO/FOGO
CHEIA	Mar 30 2010	02:25	LIBRA/AR
MING.	Abr 2 2010	12:41	ESC/ÁGUA
ÚLTQUARTO	Abr 6 2010	09:36	CAPR/TERRA
BALSÂM.	Abr 10 2010	12:58	PEIX/ÁGUA
NOVA	Abr 14 2010	12:27	ÁRIES/FOGO
CRESC.	Abr 18 2010	05:39	GÊM/AR
PRIMQUART.	Abr 21 2010	18:19	LEÃO/FOGO
GIBOSA	Abr 25 2010	03:23	VIRG/TERRA
CHEIA	Abr 28 2010	12:18	ESC/ÁGUA
MING.	Mai 2 2010	03:36	SAG/FOGO
ÚLTQUARTO	Mai 6 2010	04:14	AQU/AR
BALSÂM.	Mai 10 2010	06:14	ÁRIES/FOGO
NOVA	Mai 14 2010	01:02	TOU/TERRA
CRESC.	Mai 17 2010	13:36	CÂN/ÁGUA
PRIMQUART.	Mai 20 2010	23:41	LEÃO/FOGO
MING.	Mai 24 2010	09:48	LIBRA/AR
CHEIA	Mai 27 2010	23:07	SAG/FOGO
GIBOSA	Mai 31 2010	19:41	CAPR/TERRA
ÚLTQUARTO	Jun 4 2010	22:12	PEIX/ÁGUA
BALSÂM.	Jun 8 2010	21:11	TOU/TERRA
NOVA	Jun 12 2010	11:13	GÊM/AR
CRESC.	Jun 15 2010	19:47	LEÃO/FOGO
PRIMQUART.	Jun 19 2010	04:29	VIRG/TERRA
MING.	Jun 22 2010	17:02	ESC/ÁGUA
CHEIA	Jun 26 2010	11:30	CAPR/TERRA
GIBOSA	Jun 30 2010	12:13	AQU/AR

FASE	DATA	GMT	SIGN/ELEM
ÚLTQUARTO	Jul 4 2010	14:34	ÁRIES/FOGO
BALSÂM.	Jul 8 2010	09:51	GÊM/AR
NOVA	Jul 11 2010	19:39	CÂN/ÁGUA
CRESC.	Jul 15 2010	01:22	VIRG/TERRA
PRIMQUART.	Jul 18 2010	10:10	LIBRA/AR
MING.	Jul 22 2010	02:24	SAG/FOGO
CHEIA	Jul 26 2010	01:36	AQU/AR
GIBOSA	Jul 30 2010	04:23	PEIX/ÁGUA
ÚLTQUARTO	Ag 3 2010	04:57	TOU/TERRA
BALSÂM.	Ag 6 2010	20:33	GÊM/AR
NOVA	Ag 10 2010	03:07	LEÃO/FOGO
CRESC.	Ag 13 2010	07:33	LIBRA/AR
PRIMQUART.	Ag 16 2010	18:13	ESC/ÁGUA
MING.	Ag 20 2010	14:44	CAPR/TERRA
CHEIA	Ag 24 2010	17:03	PEIX/ÁGUA
GIBOSA	Ag 28 2010	19:35	ÁRIES/FOGO
ÚLTQUARTO	Set 1 2010	17:20	GÊM/AR
BALSÂM.	Set 5 2010	05:44	CÂN/ÁGUA
NOVA	Set 8 2010	10:28	VIRG/TERRA
CRESC.	Set 11 2010	15:40	ESC/ÁGUA
PRIMQUART.	Set 15 2010	05:49	SAG/FOGO
MING.	Set 19 2010	06:09	AQU/AR
CHEIA	Set 23 2010	09:15	ÁRIES/FOGO
GIBOSA	Set 27 2010	09:29	TOU/TERRA
ÚLTQUARTO	Out 1 2010	03:50	CÂN/ÁGUA
BALSÂM.	Out 4 2010	13:52	LEÃO/FOGO
NOVA	Out 7 2010	18:43	LIBRA/AR
CRESC.	Out 11 2010	02:50	SAG/FOGO
PRIMQUART.	Out 14 2010	21:27	CAPR/TERRA
MING.	Out 19 2010	00:07	PEIX/ÁGUA
CHEIA	Out 23 2010	01:34	ÁRIES/FOGO
GIBOSA	Out 26 2010	21:57	GÊM/AR
ÚLTQUARTO	Out 30 2010	12:43	LEÃO/FOGO
BALSÂM.	Nov 2 2010	21:43	VIRG/TERRA
NOVA	Nov 6 2010	04:51	ESC/ÁGUA
CRESC.	Nov 9 2010	17:40	CAPR/TERRA
PRIMQUART.	Nov 13 2010	16:37	AQU/AR
MING.	Nov 17 2010	19:34	ÁRIES/FOGO
CHEIA	Nov 21 2010	17:26	TOU/TERRA
GIBOSA	Nov 25 2010	09:00	CÂN/ÁGUA
ÚLTQUARTO	Nov 28 2010	20:35	VIRG/TERRA
BALSÂM.	Dez 2 2010	06:11	LIBRA/AR
NOVA	Dez 5 2010	17:34	SAG/FOGO
CRESC.	Dez 9 2010	11:57	AQU/AR
PRIMQUART.	Dez 13 2010	13:57	PEIX/ÁGUA
MING.	Dez 17 2010	15:09	TOU/TERRA
CHEIA	Dez 21 2010	08:12	GÊM/AR
GIBOSA	Dez 24 2010	18:52	LEÃO/FOGO
ÚLTQUARTO	Dez 28 2010	04:17	LIBRA/AR
BALSÂM.	Dez 31 2010	16:15	ESC/ÁGUA

TABELA DA LUA 2011

FASE	DATA	GMT	SIGN/ELEM
NOVA	Jan 4 2011	09:02	CAPR/TERRA
CRESC.	Jan 8 2011	08:19	PEIX/ÁGUA
PRIMQUART.	Jan 12 2011	11:30	ÁRIES/FOGO
MING.	Jan 16 2011	09:25	GÊM/AR
CHEIA	Jan 19 2011	21:19	CÂN/ÁGUA
GIBOSA	Jan 23 2011	03:59	VIRG/TERRA
ÚLTQUARTO	Jan 26 2011	12:57	ESC/ÁGUA
BALSÂM.	Jan 30 2011	04:33	SAG/FOGO
NOVA	Fev 3 2011	02:30	AQU/AR
CRESC.	Fev 7 2011	04:56	ÁRIES/FOGO
PRIMQUART.	Fev 11 2011	07:17	TOU/TERRA
MING.	Fev 15 2011	01:03	CÂN/ÁGUA
CHEIA	Fev 18 2011	08:34	LEÃO/FOGO
GIBOSA	Fev 21 2011	13:06	LIBRA/AR
ÚLTQUARTO	Fev 24 2011	23:27	SAG/FOGO
BALSÂM.	Fev 28 2011	19:09	CAPR/TERRA
NOVA	Mar 4 2011	20:45	PEIX/ÁGUA
CRESC.	Mar 9 2011	00:01	TOU/TERRA
PRIMQUART.	Mar 12 2011	23:42	GÊM/AR
MING.	Mar 16 2011	13:19	LEÃO/FOGO
CHEIA	Mar 19 2011	18:09	VIRG/TERRA
GIBOSA	Mar 22 2011	22:52	ESC/ÁGUA
ÚLTQUARTO	Mar 26 2011	12:08	CAPR/TERRA
BALSÂM.	Mar 30 2011	11:24	AQU/AR
NOVA	Abr 3 2011	14:31	ÁRIES/FOGO
CRESC.	Abr 7 2011	16:14	GÊM/AR
PRIMQUART.	Abr 11 2011	12:03	CÂN/ÁGUA
MING.	Abr 14 2011	22:22	VIRG/TERRA
CHEIA	Abr 18 2011	02:43	LIBRA/AR
GIBOSA	Abr 21 2011	09:47	SAG/FOGO
ÚLTQUARTO	Abr 25 2011	02:47	AQU/AR
BALSÂM.	Abr 29 2011	04:26	PEIX/ÁGUA
NOVA	Mai 3 2011	06:49	TOU/TERRA
CRESC.	Mai 7 2011	04:58	CÂN/ÁGUA
PRIMQUART.	Mai 10 2011	20:31	LEÃO/FOGO
MING.	Mai 14 2011	05:05	LIBRA/AR
CHEIA	Mai 17 2011	11:08	ESC/ÁGUA
GIBOSA	Mai 20 2011	22:07	CAPR/TERRA
ÚLTQUARTO	Mai 24 2011	18:51	PEIX/ÁGUA
BALSÂM.	Mai 28 2011	21:24	ÁRIES/FOGO
NOVA	Jun 1 2011	21:01	GÊM/AR
CRESC.	Jun 5 2011	14:18	CÂN/ÁGUA
PRIMQUART.	Jun 9 2011	02:09	VIRG/TERRA
MING.	Jun 12 2011	10:46	ESC/ÁGUA
CHEIA	Jun 15 2011	20:13	SAG/FOGO
GIBOSA	Jun 19 2011	11:50	AQU/AR
ÚLTQUARTO	Jun 23 2011	11:47	ÁRIES/FOGO
BALSÂM.	Jun 27 2011	13:37	TOU/TERRA

FASE	DATA	GMT	SIGN/ELEM
NOVA	Jul 1 2011	08:52	CÂN/ÁGUA
CRESC.	Jul 4 2011	21:04	LEÃO/FOGO
PRIMQUART.	Jul 8 2011	06:28	LIBRA/AR
MING.	Jul 11 2011	16:46	SAG/FOGO
CHEIA	Jul 15 2011	06:39	CAPR/TERRA
GIBOSA	Jul 19 2011	02:55	PEIX/ÁGUA
ÚLTQUARTO	Jul 23 2011	05:01	TOU/TERRA
BALSÂM.	Jul 27 2011	04:31	GÊM/AR
NOVA	Jul 30 2011	18:38	LEÃO/FOGO
CRESC.	Ag 3 2011	02:34	VIRG/TERRA
PRIMQUART.	Ag 6 2011	11:08	ESC/ÁGUA
MING.	Ag 10 2011	00:22	CAPR/TERRA
CHEIA	Ag 13 2011	18:57	AQU/AR
GIBOSA	Ag 17 2011	19:10	ÁRIES/FOGO
ÚLTQUARTO	Ag 21 2011	21:53	TOU/TERRA
BALSÂM.	Ag 25 2011	17:43	CÂN/ÁGUA
NOVA	Ag 29 2011	03:02	VIRG/TERRA
CRESC.	Set 1 2011	08:18	LIBRA/AR
PRIMQUART.	Set 4 2011	17:38	SAG/FOGO
MING.	Set 8 2011	10:32	AQU/AR
CHEIA	Set 12 2011	09:26	PEIX/ÁGUA
GIBOSA	Set 16 2011	12:14	TOU/TERRA
ÚLTQUARTO	Set 20 2011	13:36	GÊM/AR
BALSÂM.	Set 24 2011	05:12	LEÃO/FOGO
NOVA	Set 27 2011	11:07	LIBRA/AR
CRESC.	Set 30 2011	15:42	ESC/ÁGUA
PRIMQUART.	Out 4 2011	03:15	CAPR/TERRA
MING.	Out 7 2011	23:58	AQU/AR
CHEIA	Out 12 2011	02:04	ÁRIES/FOGO
GIBOSA	Out 16 2011	05:15	GÊM/AR
ÚLTQUARTO	Out 20 2011	03:28	CÂN/ÁGUA
BALSÂM.	Out 23 2011	15:21	VIRG/TERRA
NOVA	Out 26 2011	19:55	ESC/ÁGUA
CRESC.	Out 30 2011	01:50	SAG/FOGO
PRIMQUART.	Nov 2 2011	16:37	AQU/AR
MING.	Nov 6 2011	16:51	PEIX/ÁGUA
CHEIA	Nov 10 2011	20:14	TOU/TERRA
GIBOSA	Nov 14 2011	21:04	CÂN/ÁGUA
ÚLTQUARTO	Nov 18 2011	15:07	LEÃO/FOGO
BALSÂM.	Nov 22 2011	00:44	LIBRA/AR
NOVA	Nov 25 2011	06:08	SAG/FOGO
CRESC.	Nov 28 2011	15:06	CAPR/TERRA
PRIMQUART.	Dez 2 2011	09:52	PEIX/ÁGUA
MING.	Dez 6 2011	12:35	ÁRIES/FOGO
CHEIA	Dez 10 2011	14:34	GÊM/AR
GIBOSA	Dez 14 2011	10:45	LEÃO/FOGO
ÚLTQUARTO	Dez 18 2011	00:45	VIRG/TERRA
BALSÂM.	Dez 21 2011	09:57	ESC/ÁGUA
NOVA	Dez 24 2011	18:05	CAPR/TERRA
CRESC.	Dez 28 2011	07:22	AQU/AR

Tabela da Lua 2012

FASE	DATA	GMT	SIGN/ELEM	FASE	DATA	GMT	SIGN/ELEM
PRIMQUART.	Jan 1 2012	06:13	ÁRIES/FOGO	CHEIA	Jul 3 2012	18:51	CAPR/TERRA
MING.	Jan 5 2012	09:36	TOU/TERRA	GIBOSA	Jul 7 2012	05:22	PEIX/ÁGUA
CHEIA	Jan 9 2012	07:28	CÂN/ÁGUA	PRIMQUART.	Jul 11 2012	01:47	ÁRIES/FOGO
GIBOSA	Jan 12 2012	22:03	VIRG/TERRA	BALSÂM.	Jul 15 2012	04:51	GÊM/AR
ÚLTQUARTO	Jan 16 2012	09:06	LIBRA/AR	NOVA	Jul 19 2012	04:23	CÂN/ÁGUA
BALSÂM.	Jan 19 2012	19:29	SAG/FOGO	CRESC.	Jul 22 2012	20:58	VIRG/TERRA
NOVA	Jan 23 2012	07:39	AQU/AR	ÚLTQUARTO	Jul 26 2012	08:55	ESC/ÁGUA
CRESC.	Jan 27 2012	01:57	PEIX/ÁGUA	MING.	Jul 29 2012	18:08	SAG/FOGO
PRIMQUART.	Jan 31 2012	04:09	TOU/TERRA				
				CHEIA	Ag 2 2012	03:27	AQU/AR
MING.	Fev 4 2012	05:40	GÊM/AR	GIBOSA	Ag 5 2012	18:33	PEIX/ÁGUA
CHEIA	Fev 7 2012	21:52	LEÃO/FOGO	ÚLTQUARTO	Ag 9 2012	18:54	TOU/TERRA
GIBOSA	Fev 11 2012	07:30	LIBRA/AR	BALSÂM.	Ag 13 2012	21:12	CÂN/ÁGUA
ÚLTQUARTO	Fev 14 2012	17:03	ESC/ÁGUA	NOVA	Ag 17 2012	15:53	LEÃO/FOGO
BALSÂM.	Fev 18 2012	05:44	CAPR/TERRA	CRESC.	Ag 21 2012	03:49	LIBRA/AR
NOVA	Fev 21 2012	22:34	PEIX/ÁGUA	PRIMQUART.	Ag 24 2012	13:53	SAG/FOGO
CRESC.	Fev 25 2012	21:45	ÁRIES/FOGO	MING.	Ag 28 2012	00:32	CAPR/TERRA
				CHEIA	Ag 31 2012	13:58	PEIX/ÁGUA
ÚLTQUARTO	Mar 1 2012	01:20	GÊM/AR				
MING.	Mar 4 2012	22:50	CÂN/ÁGUA	GIBOSA	Set 4 2012	10:19	ÁRIES/FOGO
CHEIA	Mar 8 2012	09:38	VIRG/TERRA	ÚLTQUARTO	Set 8 2012	13:14	GÊM/AR
GIBOSA	Mar 11 2012	15:57	ESC/ÁGUA	BALSÂM.	Set 12 2012	12:35	LEÃO/FOGO
PRIMQUART.	Mar 15 2012	01:25	SAG/FOGO	NOVA	Set 16 2012	02:09	VIRG/TERRA
BALSÂM.	Mar 18 2012	17:05	AQU/AR	CRESC.	Set 19 2012	10:25	ESC/ÁGUA
NOVA	Mar 22 2012	14:37	ÁRIES/FOGO	PRIMQUART.	Set 22 2012	19:40	CAPR/TERRA
CRESC.	Mar 26 2012	17:17	TOU/TERRA	MING.	Set 26 2012	08:51	AQU/AR
ÚLTQUARTO	Mar 30 2012	19:39	CÂN/ÁGUA	CHEIA	Set 30 2012	03:18	ÁRIES/FOGO
MING.	Abr 3 2012	12:23	LEÃO/FOGO	GIBOSA	Out 4 2012	04:21	TOU/TERRA
CHEIA	Abr 6 2012	19:17	LIBRA/AR	ÚLTQUARTO	Out 8 2012	07:32	CÂN/ÁGUA
GIBOSA	Abr 10 2012	00:13	SAG/FOGO	BALSÂM.	Out 12 2012	02:46	VIRG/TERRA
PRIMQUART.	Abr 13 2012	10:50	CAPR/TERRA	NOVA	Out 15 2012	12:01	LIBRA/AR
BALSÂM.	Abr 17 2012	05:54	PEIX/ÁGUA	CRESC.	Out 18 2012	17:54	SAG/FOGO
NOVA	Abr 21 2012	07:17	TOU/TERRA	PRIMQUART.	Out 22 2012	03:32	CAPR/TERRA
CRESC.	Abr 25 2012	10:54	GÊM/AR	MING.	Out 25 2012	20:17	PEIX/ÁGUA
ÚLTQUARTO	Abr 29 2012	09:55	LEÃO/FOGO	CHEIA	Out 29 2012	19:49	TOU/TERRA
MING.	Mai 2 2012	22:35	VIRG/TERRA	GIBOSA	Nov 2 2012	23:29	GÊM/AR
CHEIA	Mai 6 2012	03:34	ESC/ÁGUA	ÚLTQUARTO	Nov 7 2012	00:33	LEÃO/FOGO
GIBOSA	Mai 9 2012	08:50	CAPR/TERRA	BALSÂM.	Nov 10 2012	15:45	LIBRA/AR
PRIMQUART.	Mai 12 2012	21:47	AQU/AR	NOVA	Nov 13 2012	22:07	ESC/ÁGUA
BALSÂM.	Mai 16 2012	20:23	ÁRIES/FOGO	CRESC.	Nov 17 2012	03:07	CAPR/TERRA
NOVA	Mai 20 2012	23:46	GÊM/AR	PRIMQUART.	Nov 20 2012	14:31	AQU/AR
CRESC.	Mai 25 2012	01:25	CÂN/ÁGUA	MING.	Nov 24 2012	11:36	ÁRIES/FOGO
ÚLTQUARTO	Mai 28 2012	20:14	VIRG/TERRA	CHEIA	Nov 28 2012	14:45	GÊM/AR
MING.	Jun 1 2012	06:16	LIBRA/AR	GIBOSA	Dez 2 2012	17:58	CÂN/ÁGUA
CHEIA	Jun 4 2012	11:11	SAG/FOGO	ÚLTQUARTO	Dez 6 2012	15:29	VIRG/TERRA
GIBOSA	Jun 7 2012	18:21	AQU/AR	BALSÂM.	Dez 10 2012	03:34	ESC/ÁGUA
PRIMQUART.	Jun 11 2012	10:41	PEIX/ÁGUA	NOVA	Dez 13 2012	08:40	SAG/FOGO
BALSÂM.	Jun 15 2012	12:16	TOU/TERRA	CRESC.	Dez 16 2012	14:33	AQU/AR
NOVA	Jun 19 2012	15:01	GÊM/AR	PRIMQUART.	Dez 20 2012	05:18	PEIX/ÁGUA
CRESC.	Jun 23 2012	12:34	LEÃO/FOGO	MING.	Dez 24 2012	06:28	TOU/TERRA
ÚLTQUARTO	Jun 27 2012	03:29	LIBRA/AR	CHEIA	Dez 28 2012	10:20	CÂN/ÁGUA
MING.	Jun 30 2012	12:25	ESC/ÁGUA				

Tabela da Lua 2013

FASE	DATA	GMT	SIGN/ELEM	FASE	DATA	GMT	SIGN/ELEM
GIBOSA	Jan 1 2013	10:17	LEÃO/FOGO	BALSÂM.	Jul 4 2013	04:01	TOU/TERRA
ÚLTQUARTO	Jan 5 2013	03:56	LIBRA/AR	NOVA	Jul 8 2013	07:13	CÂN/ÁGUA
BALSÂM.	Jan 8 2013	14:06	SAG/FOGO	CRESC.	Jul 12 2013	08:13	VIRG/TERRA
NOVA	Jan 11 2013	19:43	CAPR/TERRA	ÚLTQUARTO	Jul 16 2013	03:16	LIBRA/AR
CRESC.	Jan 15 2013	04:27	PEIX/ÁGUA	MING.	Jul 19 2013	13:43	SAG/FOGO
ÚLTQUARTO	Jan 18 2013	23:45	ÁRIES/FOGO	CHEIA	Jul 22 2013	18:14	AQU/AR
MING.	Jan 23 2013	03:17	GÊM/AR	GIBOSA	Jul 26 2013	00:59	PEIX/ÁGUA
CHEIA	Jan 27 2013	04:37	LEÃO/FOGO	PRIMQUART.	Jul 29 2013	17:43	TOU/TERRA
GIBOSA	Jan 30 2013	23:47	VIRG/TERRA				
				BALSÂM.	Ag 2 2013	19:40	GÊM/AR
PRIMQUART.	Fev 3 2013	13:54	ESC/ÁGUA	NOVA	Ag 6 2013	21:49	LEÃO/FOGO
BALSÂM.	Fev 6 2013	23:25	CAPR/TERRA	CRESC.	Ag 10 2013	19:19	LIBRA/AR
NOVA	Fev 10 2013	07:19	AQU/AR	ÚLTQUARTO	Ag 14 2013	10:54	ESC/ÁGUA
CRESC.	Fev 13 2013	20:46	ÁRIES/FOGO	MING.	Ag 17 2013	19:51	CAPR/TERRA
ÚLTQUARTO	Fev 17 2013	20:30	TOU/TERRA	CHEIA	Ag 21 2013	01:44	AQU/AR
MING.	Fev 21 2013	23:42	CÂN/ÁGUA	GIBOSA	Ag 24 2013	12:26	ÁRIES/FOGO
CHEIA	Fev 25 2013	20:24	VIRG/TERRA	PRIMQUART.	Ag 28 2013	09:34	GÊM/AR
GIBOSA	Mar 1 2013	10:36	LIBRA/AR	BALSÂM.	Set 1 2013	12:28	CÂN/ÁGUA
PRIMQUART.	Mar 4 2013	21:51	SAG/FOGO	NOVA	Set 5 2013	11:35	VIRG/TERRA
BALSÂM.	Mar 8 2013	07:56	AQU/AR	CRESC.	Set 9 2013	04:43	ESC/ÁGUA
NOVA	Mar 11 2013	19:51	PEIX/ÁGUA	ÚLTQUARTO	Set 12 2013	17:07	SAG/FOGO
CRESC.	Mar 15 2013	14:51	TOU/TERRA	MING.	Set 16 2013	01:59	AQU/AR
ÚLTQUARTO	Mar 19 2013	17:26	GÊM/AR	CHEIA	Set 19 2013	11:13	PEIX/ÁGUA
MING.	Mar 23 2013	17:55	LEÃO/FOGO	GIBOSA	Set 23 2013	03:08	TOU/TERRA
CHEIA	Mar 27 2013	09:26	LIBRA/AR	PRIMQUART.	Set 27 2013	03:55	CÂN/ÁGUA
GIBOSA	Mar 30 2013	19:14	ESC/ÁGUA				
				BALSÂM.	Out 1 2013	05:45	LEÃO/FOGO
PRIMQUART.	Abr 3 2013	04:36	CAPR/TERRA	NOVA	Out 5 2013	00:33	LIBRA/AR
BALSÂM.	Abr 6 2013	16:35	PEIX/ÁGUA	CRESC.	Out 8 2013	13:03	SAG/FOGO
NOVA	Abr 10 2013	09:35	ÁRIES/FOGO	ÚLTQUARTO	Out 11 2013	23:01	CAPR/TERRA
CRESC.	Abr 14 2013	09:28	GÊM/AR	MING.	Out 15 2013	09:28	PEIX/ÁGUA
ÚLTQUARTO	Abr 18 2013	12:29	CÂN/ÁGUA	CHEIA	Out 18 2013	23:38	ÁRIES/FOGO
MING.	Abr 22 2013	09:02	VIRG/TERRA	GIBOSA	Out 22 2013	20:53	GÊM/AR
CHEIA	Abr 25 2013	19:56	ESC/ÁGUA	PRIMQUART.	Out 26 2013	23:39	LEÃO/FOGO
GIBOSA	Abr 29 2013	02:26	SAG/FOGO	BALSÂM.	Out 30 2013	22:50	VIRG/TERRA
PRIMQUART.	Mai 2 2013	11:14	AQU/AR	NOVA	Nov 3 2013	12:48	ESC/ÁGUA
BALSÂM.	Mai 6 2013	02:25	ÁRIES/FOGO	CRESC.	Nov 6 2013	21:05	SAG/FOGO
NOVA	Mai 10 2013	00:28	TOU/TERRA	ÚLTQUARTO	Nov 10 2013	05:56	AQU/AR
CRESC.	Mai 14 2013	03:11	CÂN/ÁGUA	MING.	Nov 13 2013	19:35	ÁRIES/FOGO
ÚLTQUARTO	Mai 18 2013	04:33	LEÃO/FOGO	CHEIA	Nov 17 2013	15:15	TOU/TERRA
MING.	Mai 21 2013	21:05	LIBRA/AR	GIBOSA	Nov 21 2013	16:37	CÂN/ÁGUA
CHEIA	Mai 25 2013	04:24	SAG/FOGO	PRIMQUART.	Nov 25 2013	19:27	VIRG/TERRA
GIBOSA	Mai 28 2013	09:04	CAPR/TERRA	BALSÂM.	Nov 29 2013	14:58	LIBRA/AR
PRIMQUART.	Mai 31 2013	18:57	PEIX/ÁGUA				
				NOVA	Dez 3 2013	00:21	SAG/FOGO
BALSÂM.	Jun 4 2013	14:09	ÁRIES/FOGO	CRESC.	Dez 6 2013	05:41	CAPR/TERRA
NOVA	Jun 8 2013	15:56	GÊM/AR	ÚLTQUARTO	Dez 9 2013	15:11	PEIX/ÁGUA
CRESC.	Jun 12 2013	18:54	LEÃO/FOGO	MING.	Dez 13 2013	09:05	TOU/TERRA
ÚLTQUARTO	Jun 16 2013	17:22	VIRG/TERRA	CHEIA	Dez 17 2013	09:27	GÊM/AR
MING.	Jun 20 2013	06:27	ESC/ÁGUA	GIBOSA	Dez 21 2013	12:44	LEÃO/FOGO
CHEIA	Jun 23 2013	11:31	CAPR/TERRA	PRIMQUART.	Dez 25 2013	13:45	LIBRA/AR
GIBOSA	Jun 26 2013	16:11	AQU/AR	BALSÂM.	Dez 29 2013	05:17	ESC/ÁGUA
PRIMQUART.	Jun 30 2013	04:53	ÁRIES/FOGO				

TABELA DA LUA 2014

FASE	DATA	GMT	SIGN/ELEM	FASE	DATA	GMT	SIGN/ELEM
NOVA	Jan 1 2014	11:13	CAPR/TERRA	CRESC.	Jul 1 2014	10:15	LEÃO/FOGO
CRESC.	Jan 4 2014	15:40	AQU/AR	PRIMQUART.	Jul 5 2014	11:56	LIBRA/AR
PRIMQUART.	Jan 8 2014	03:39	ÁRIES/FOGO	GIBOSA	Jul 9 2014	04:41	SAG/FOGO
GIBOSA	Jan 12 2014	01:50	GÊM/AR	CHEIA	Jul 12 2014	11:23	CAPR/TERRA
CHEIA	Jan 16 2014	04:51	CÂN/ÁGUA	MING.	Jul 15 2014	15:44	PEIX/ÁGUA
MING.	Jan 20 2014	07:33	VIRG/TERRA	ÚLTQUARTO	Jul 19 2014	02:08	ÁRIES/FOGO
ÚLTQUARTO	Jan 24 2014	05:17	ESC/ÁGUA	BALSÂM.	Jul 22 2014	21:31	GÊM/AR
BALSÂM.	Jan 27 2014	17:10	SAG/FOGO	NOVA	Jul 26 2014	22:41	LEÃO/FOGO
NOVA	Jan 30 2014	21:37	AQU/AR	CRESC.	Jul 31 2014	01:42	VIRG/TERRA
CRESC.	Fev 3 2014	03:35	PEIX/ÁGUA	PRIMQUART.	Ag 4 2014	00:47	ESC/ÁGUA
PRIMQUART.	Fev 6 2014	19:21	TOU/TERRA	GIBOSA	Ag 7 2014	13:34	SAG/FOGO
GIBOSA	Fev 10 2014	20:45	CÂN/ÁGUA	CHEIA	Ag 10 2014	18:08	AQU/AR
CHEIA	Fev 14 2014	23:51	LEÃO/FOGO	MING.	Ag 13 2014	23:07	ÁRIES/FOGO
MING.	Fev 18 2014	23:39	LIBRA/AR	ÚLTQUARTO	Ag 17 2014	12:26	TOU/TERRA
ÚLTQUARTO	Fev 22 2014	17:14	SAG/FOGO	BALSÂM.	Ag 21 2014	11:16	CÂN/ÁGUA
BALSÂM.	Fev 26 2014	02:39	CAPR/TERRA	NOVA	Ag 25 2014	14:11	VIRG/TERRA
				CRESC.	Ag 29 2014	15:50	LIBRA/AR
NOVA	Mar 1 2014	07:59	PEIX/ÁGUA				
CRESC.	Mar 4 2014	17:31	ÁRIES/FOGO	PRIMQUART.	Set 2 2014	11:08	SAG/FOGO
PRIMQUART.	Mar 8 2014	13:26	GÊM/AR	GIBOSA	Set 5 2014	21:04	CAPR/TERRA
GIBOSA	Mar 12 2014	16:16	LEÃO/FOGO	CHEIA	Set 9 2014	01:37	PEIX/ÁGUA
CHEIA	Mar 16 2014	17:07	VIRG/TERRA	MING.	Set 12 2014	09:04	TOU/TERRA
MING.	Mar 20 2014	12:18	ESC/ÁGUA	ÚLTQUARTO	Set 16 2014	02:05	GÊM/AR
ÚLTQUARTO	Mar 24 2014	01:44	CAPR/TERRA	BALSÂM.	Set 20 2014	03:39	LEÃO/FOGO
BALSÂM.	Mar 27 2014	10:27	AQU/AR	NOVA	Set 24 2014	06:12	LIBRA/AR
NOVA	Mar 30 2014	18:44	ÁRIES/FOGO	CRESC.	Set 28 2014	04:14	ESC/ÁGUA
CRESC.	Abr 3 2014	09:03	TOU/TERRA	PRIMQUART.	Out 1 2014	19:31	CAPR/TERRA
PRIMQUART.	Abr 7 2014	08:29	CÂN/ÁGUA	GIBOSA	Out 5 2014	04:15	AQU/AR
GIBOSA	Abr 11 2014	10:55	VIRG/TERRA	CHEIA	Out 8 2014	10:50	ÁRIES/FOGO
CHEIA	Abr 15 2014	07:40	LIBRA/AR	MING.	Out 11 2014	22:10	GÊM/AR
MING.	Abr 18 2014	21:36	SAG/FOGO	ÚLTQUARTO	Out 15 2014	19:11	CÂN/ÁGUA
ÚLTQUARTO	Abr 22 2014	07:50	AQU/AR	BALSÂM.	Out 19 2014	22:12	VIRG/TERRA
BALSÂM.	Abr 25 2014	17:36	PEIX/ÁGUA	NOVA	Out 23 2014	21:55	ESC/ÁGUA
NOVA	Abr 29 2014	06:13	TOU/TERRA	CRESC.	Out 27 2014	14:51	SAG/FOGO
				PRIMQUART.	Out 31 2014	02:47	AQU/AR
CRESC.	Mai 3 2014	01:26	GÊM/AR				
PRIMQUART.	Mai 7 2014	03:14	LEÃO/FOGO	GIBOSA	Nov 3 2014	12:09	PEIX/ÁGUA
GIBOSA	Mai 11 2014	03:33	LIBRA/AR	CHEIA	Nov 6 2014	22:22	TOU/TERRA
CHEIA	Mai 14 2014	19:14	ESC/ÁGUA	MING.	Nov 10 2014	14:30	CÂN/ÁGUA
MING.	Mai 18 2014	04:22	CAPR/TERRA	ÚLTQUARTO	Nov 14 2014	15:14	LEÃO/FOGO
ÚLTQUARTO	Mai 21 2014	12:58	PEIX/ÁGUA	BALSÂM.	Nov 18 2014	17:41	LIBRA/AR
BALSÂM.	Mai 25 2014	01:15	ÁRIES/FOGO	NOVA	Nov 22 2014	12:30	SAG/FOGO
NOVA	Mai 28 2014	18:39	GÊM/AR	CRESC.	Nov 26 2014	00:11	CAPR/TERRA
				PRIMQUART.	Nov 29 2014	10:05	PEIX/ÁGUA
CRESC.	Jun 1 2014	18:00	CÂN/ÁGUA				
PRIMQUART.	Jun 5 2014	20:37	VIRG/TERRA	GIBOSA	Dez 2 2014	21:35	ÁRIES/FOGO
GIBOSA	Jun 9 2014	17:31	ESC/ÁGUA	CHEIA	Dez 6 2014	12:26	GÊM/AR
CHEIA	Jun 13 2014	04:10	SAG/FOGO	MING.	Dez 10 2014	09:37	LEÃO/FOGO
MING.	Jun 16 2014	09:55	AQU/AR	ÚLTQUARTO	Dez 14 2014	12:49	VIRG/TERRA
ÚLTQUARTO	Jun 19 2014	18:37	PEIX/ÁGUA	BALSÂM.	Dez 18 2014	12:23	ESC/ÁGUA
BALSÂM.	Jun 23 2014	10:19	TOU/TERRA	NOVA	Dez 22 2014	01:33	CAPR/TERRA
NOVA	Jun 27 2014	08:07	CÂN/ÁGUA	CRESC.	Dez 25 2014	09:07	AQU/AR
				PRIMQUART.	Dez 28 2014	18:30	ÁRIES/FOGO

TABELA DA LUA 2015

FASE	DATA	GMT	SIGN/ELEM
GIBOSA	Jan 1 2015	09:06	TOU/TERRA
CHEIA	Jan 5 2015	04:52	CÂN/ÁGUA
MING.	Jan 9 2015	06:21	VIRG/TERRA
ÚLTQUARTO	Jan 13 2015	09:44	LIBRA/AR
BALSÂM.	Jan 17 2015	04:49	SAG/FOGO
NOVA	Jan 20 2015	13:12	AQU/AR
CRESC.	Jan 23 2015	18:29	PEIX/ÁGUA
PRIMQUART.	Jan 27 2015	04:47	TOU/TERRA
GIBOSA	Jan 30 2015	22:57	GÊM/AR
CHEIA	Fev 3 2015	23:08	LEÃO/FOGO
MING.	Fev 8 2015	02:50	LIBRA/AR
ÚLTQUARTO	Fev 12 2015	03:47	ESC/ÁGUA
BALSÂM.	Fev 15 2015	18:15	CAPR/TERRA
NOVA	Fev 18 2015	23:45	PEIX/ÁGUA
CRESC.	Fev 22 2015	04:49	ÁRIES/FOGO
PRIMQUART.	Fev 25 2015	17:13	GÊM/AR
GIBOSA	Mar 1 2015	15:00	CÂN/ÁGUA
CHEIA	Mar 5 2015	18:04	VIRG/TERRA
MING.	Mar 9 2015	20:59	ESC/ÁGUA
ÚLTQUARTO	Mar 13 2015	17:46	SAG/FOGO
BALSÂM.	Mar 17 2015	04:46	AQU/AR
NOVA	Mar 20 2015	09:35	PEIX/ÁGUA
CRESC.	Mar 23 2015	16:11	TOU/TERRA
PRIMQUART.	Mar 27 2015	07:41	CÂN/ÁGUA
GIBOSA	Mar 31 2015	08:40	LEÃO/FOGO
CHEIA	Abr 4 2015	12:03	LIBRA/AR
MING.	Abr 8 2015	11:21	SAG/FOGO
ÚLTQUARTO	Abr 12 2015	03:42	CAPR/TERRA
BALSÂM.	Abr 15 2015	12:57	PEIX/ÁGUA
NOVA	Abr 18 2015	18:55	ÁRIES/FOGO
CRESC.	Abr 22 2015	04:33	GÊM/AR
PRIMQUART.	Abr 25 2015	23:54	LEÃO/FOGO
GIBOSA	Abr 30 2015	02:48	VIRG/TERRA
CHEIA	Mai 4 2015	03:40	ESC/ÁGUA
MING.	Mai 7 2015	21:51	CAPR/TERRA
ÚLTQUARTO	Mai 11 2015	10:34	AQU/AR
BALSÂM.	Mai 14 2015	19:39	ÁRIES/FOGO
NOVA	Mai 18 2015	04:12	TOU/TERRA
CRESC.	Mai 21 2015	18:01	CÂN/ÁGUA
PRIMQUART.	Mai 25 2015	17:17	VIRG/TERRA
GIBOSA	Mai 29 2015	20:03	LIBRA/AR
CHEIA	Jun 2 2015	16:17	SAG/FOGO
MING.	Jun 6 2015	05:22	AQU/AR
ÚLTQUARTO	Jun 9 2015	15:40	PEIX/ÁGUA
BALSÂM.	Jun 13 2015	01:49	TOU/TERRA
NOVA	Jun 16 2015	14:04	GÊM/AR
CRESC.	Jun 20 2015	08:50	LEÃO/FOGO
PRIMQUART.	Jun 24 2015	11:01	LIBRA/AR
GIBOSA	Jun 28 2015	11:21	ESC/ÁGUA

FASE	DATA	GMT	SIGN/ELEM
CHEIA	Jul 2 2015	02:17	CAPR/TERRA
MING.	Jul 5 2015	11:15	AQU/AR
ÚLTQUARTO	Jul 8 2015	20:23	ÁRIES/FOGO
BALSÂM.	Jul 12 2015	08:36	GÊM/AR
NOVA	Jul 16 2015	01:24	CÂN/ÁGUA
CRESC.	Jul 20 2015	00:54	VIRG/TERRA
PRIMQUART.	Jul 24 2015	04:02	ESC/ÁGUA
GIBOSA	Jul 28 2015	00:26	SAG/FOGO
CHEIA	Jul 31 2015	10:41	AQU/AR
MING.	Ag 3 2015	16:54	PEIX/ÁGUA
ÚLTQUARTO	Ag 7 2015	02:02	TOU/TERRA
BALSÂM.	Ag 10 2015	17:15	CÂN/ÁGUA
NOVA	Ag 14 2015	14:52	LEÃO/FOGO
CRESC.	Ag 18 2015	17:42	LIBRA/AR
PRIMQUART.	Ag 22 2015	19:29	ESC/ÁGUA
GIBOSA	Ag 26 2015	11:39	CAPR/TERRA
CHEIA	Ag 29 2015	18:34	PEIX/ÁGUA
MING.	Set 1 2015	23:31	ÁRIES/FOGO
ÚLTQUARTO	Set 5 2015	09:54	GÊM/AR
BALSÂM.	Set 9 2015	04:56	LEÃO/FOGO
NOVA	Set 13 2015	06:40	VIRG/TERRA
CRESC.	Set 17 2015	10:16	ESC/ÁGUA
PRIMQUART.	Set 21 2015	08:56	SAG/FOGO
GIBOSA	Set 24 2015	21:38	AQU/AR
CHEIA	Set 28 2015	02:49	ÁRIES/FOGO
MING.	Out 1 2015	08:04	TOU/TERRA
ÚLTQUARTO	Out 4 2015	21:06	CÂN/ÁGUA
BALSÂM.	Out 8 2015	20:17	VIRG/TERRA
NOVA	Out 13 2015	00:04	LIBRA/AR
CRESC.	Out 17 2015	01:34	SAG/FOGO
PRIMQUART.	Out 20 2015	20:29	CAPR/TERRA
GIBOSA	Out 24 2015	06:57	PEIX/ÁGUA
CHEIA	Out 27 2015	12:04	TOU/TERRA
MING.	Out 30 2015	19:20	GÊM/AR
ÚLTQUARTO	Nov 3 2015	12:24	LEÃO/FOGO
BALSÂM.	Nov 7 2015	14:57	VIRG/TERRA
NOVA	Nov 11 2015	17:46	ESC/ÁGUA
CRESC.	Nov 15 2015	15:04	CAPR/TERRA
PRIMQUART.	Nov 19 2015	06:25	AQU/AR
GIBOSA	Nov 22 2015	15:58	ÁRIES/FOGO
CHEIA	Nov 25 2015	22:43	GÊM/AR
MING.	Nov 29 2015	09:53	CÂN/ÁGUA
ÚLTQUARTO	Dez 3 2015	07:39	VIRG/TERRA
BALSÂM.	Dez 7 2015	11:26	ESC/ÁGUA
NOVA	Dez 11 2015	10:27	SAG/FOGO
CRESC.	Dez 15 2015	02:46	AQU/AR
PRIMQUART.	Dez 18 2015	15:12	PEIX/ÁGUA
GIBOSA	Dez 22 2015	01:05	TOU/TERRA
CHEIA	Dez 25 2015	11:11	CÂN/ÁGUA
MING.	Dez 29 2015	03:42	LEÃO/FOGO

REFERÊNCIAS

Outras Publicações

Barrett, Francis, *The Magus or Celestial Intelligencer*,
Lackrington, Allen and Co. (Londres), 1801
Rudyar, Dane, *The Lunation Cycle*, Shambala (Berkeley, Ca) 1971
Volguine, A., *Lunar Astrology*, ASI Publishers Inc. (Nova York) 1974

Internet

O site de *The Moon Oracle* e outros sites onde poderão ser localizadas
outras obras dos mesmos autores:

http://www.luna.clara.net/moon/index.htm
http://www.luna.clara.net/occult/index.htm
http://www.sun.clara.net/tarot/index.htm

AGRADECIMENTOS

EDDISON • SADD EDITIONS

Editor Comissionado: Liz Wheeler
Editor de Projetos: Jane Laing
Diretor de Arte: Elaine Partington
Desenhista de Projetos: Brazzle Atkins
Produção: Karyn Claridge, Charles James